명당을 찾는 비법

명당을 찾는 **비법**

초판 1쇄 인쇄	2023년 12월 12일
초판 1쇄 발행	2023년 12월 29일

신고번호	제313-2010-376호
등록번호	105-91-58839

지은이	이본기

발행처	보민출판사
발행인	김국환
기획	김선희
편집	조예슬
디자인	김민정

ISBN	979-11-6957-102-9 03180

주소	경기도 파주시 해올로 11, 우미린더퍼스트@ 상가 2동 109호
전화	070-8615-7449
사이트	www.bominbook.com

- 가격은 뒤표지에 있으며, 파본은 구입하신 서점에서 교환해드립니다.
- 이 책은 저작권법에 의하여 보호를 받는 저작물이므로 무단 전재와 복사를 금합니다.

자연과 교감하는 기술

명당을 찾는 비법

淸昊 이본기 저

머리말

　전작 「기발한 풍수」는 일반인의 풍수에 대한 오해를 불식시키고, 땅의 기운에 근거한 실질적인 풍수를 알리고자 했었다. 따라서 임산배수나 좌청룡 우백호 등 전통 풍수에서 많이 들었던, 현실과는 다소 동떨어진 이야기가 아닌, 일상에서 경험하는 기와 풍수를 다양한 사례를 들어 설명함으로써 누구든지 풍수를 자연스럽게 받아들일 수 있도록 하는 데 목표를 두었다.

　집필 과정에서 땅의 기운을 감지하는 구체적인 방법이나 내용을 넣는 것을 두고 고민을 하였지만 그것을 넣을 경우, 책의 초점이 분산되고 당초 의도했던 효과를 거두기 어렵다는 판단하에 그 부분을 의도적으로 배제하였다. 대신 동식물을 통한 명당이나 흉지의 구별 방법과 반려동물 등을 활용한 명당 찾기를 넣었지만 독자들이 직접 명당이나 흉지를 확인할 수 있는 방법이 없어서 아쉽다는 의견이 많았다.

　다행히도 「기발한 풍수」는 일반인들이 풍수에 대한 오해와 편

견을 극복하는 데 상당한 기여를 하였다고 생각한다. 그래서 주저 없이 「명당을 찾는 비법」을 집필하게 되었다.

「명당을 찾는 비법」은 독자 스스로 L 로드를 가지고 명당이나 흉지를 찾는 방법을 자세하게 설명하였다. 또한 독자들이 저자가 설명하는 방법을 쉽게 익히고 원활하게 수행할 수 있도록 우선적으로 동식물이나 각종 기운의 흔적들을 확인하고, 그것을 활용하여 기운을 감지하는 법을 터득하도록 하였다. 그렇게 함으로써 독자가 검증자의 입장에서 기운을 측정해보고 그 기운의 느낌을 체화하도록 한 것이다.

다우징 로드Dowsing Rod로 땅의 기운을 정확하게 감지하는 것이 그리 쉬운 일은 아니다. 전문가들도 오랜 기간 훈련한 후에야 가능한 기술이므로 일반인들이 단기간에 터득하기는 쉽지 않다. 그러나 '콜럼버스의 달걀'처럼 상식을 뛰어넘는 기발한 생각이나 방법은 시대를 초월하여 항상 존재해왔다.
필자가 터득한 독창적인 방법을 사용한다면 누구든지 단기간에 땅의 기운을 감지하고, 각 기운들을 구별하게 될 것이다.

땅의 기운을 감지하는 것은 그 기운과 교감하는 것이므로 대자연과 교감할 수 있는 몸과 마음의 상태는 스스로 갖춰야 한다. 그런 연후에 각각의 기운들을 감지하는 방법을 터득하고, 그 기운들을 몸에 익혀야 하며, 그 기운들에 반응하는 동식물들을 관찰

하면서 감각을 키워나가는 노력을 지속하여야 한다. 이 기술은 연마할수록 점점 능력이 심화深化하므로 지속적으로 수련할 만한 가치가 있다.

「명당을 찾는 비법」을 집필하면서 독자들의 편의를 위해 불가피 전작 「기발한 풍수」에서 다뤘던 내용 중 꼭 필요하다고 생각되는 기와 관련된 기초적인 사항들을 요약, 정리하였음을 밝힌다.

아무쪼록 많은 사람들이 땅의 기운을 스스로 감지할 수 있게 되어 해로운 기운은 피하고, 건강에 유익한 기운을 찾아 잘 활용함으로써 건강하고 행복한 삶을 영위할 수 있기를 바란다.

- 2023년 12월

저자 **이본기**

목차

머리말 • 4

제1장. 기(氣)란?

고전적 의미의 기 • 10
현대적 의미의 기 • 10

제1절. 기의 일반적 특성(Bon's rule) • 12
제2절. 기의 종류별 특성 • 16

제2장. 다우징(Dowsing)이란?

제1절. 다우징의 작동 원리 • 24
제2절. 다우징의 종류 • 27
　　현장 다우징 • 27
　　원격 다우징 • 27
　　문답식 다우징 • 28

제3절. 다우징을 위한 몸과 마음 • 30
제4절. 다우징 도구 및 사용 방법 • 32
제5절. 다우징 실습 • 39
　　양기 감지하기 • 40
　　음기 감지하기 • 41
　　음양기 감지하기 • 43

제3장. 왜 명당이어야 하는가?

제1절. 죽은 자를 위한 명당 / 풍요와 번영의 기운 • 50
제2절. 산 자를 위한 명당 / 세포를 건강하게 하는 기운 • 55

제4장. 왜 흉지를 피해야 하는가?

제1절. 물질을 손상시키는 파괴의 기운 · 68
제2절. 세포를 병들게 하여 생명에 해를 끼치는 기운 · 71

제5장. 명당과 흉지를 찾는 원리와 방법

제1절. 명당을 찾는 방법 · 76
  음택 명당 찾는 법 · 76
  양택 명당 찾는 법 · 80

제2절. 흉지를 찾는 방법 · 85
  흉지의 기운인 음기 찾는 법 · 85

제6장. 흉지를 명당으로 만드는 풍수 비보

제1절. 풍수 비보의 원리와 방법 · 93
제2절. 식물에 대한 풍수 처방 · 98

부록

제1절. 사라진 기운을 불러내는 마법 · 114
제2절. 원격 탐사의 비밀 · 118

제1장

기(氣)란?

제1장

기(氣)란?

생명에 긍 · 부정의 영향을 끼치는 땅의 기운이다.

고전적 의미의 기

동서고금을 막론하고 많은 사람들이 우주에는 '생명력을 가진 에너지 현상'이 존재하고 있으며, 물질이나 정신세계에 영향을 미치고 있다고 믿어왔다.

중국 철학에서는 '기'를 우주를 구성하는 기본 요소로서 '물질 혹은 생명의 근원'으로 보았다. 인도 철학의 '프라나Prana'는 '모든 생명체를 존재하게 하는 힘'을 뜻하고, 고대 그리스 스토아 철학의 '프네우마Pneuma'는 '우주와 신체 안에 존재하는 생기를 주는 따뜻한 숨'을 의미한다.

기, 프라나 그리고 프네우마는 하나같이 우주에 존재하는 생명력을 가진 에너지 현상을 의미한다.

현대적 의미의 기

1922년 프랑스의 수학자인 카탄Eli Cartan은 회전에 의해서 전자기장이나 중력장과는 다른 토션장Torsion Field이 생긴다는 것을 발견하였다. 1996년 러시아 과학자들은 "자연계에 존재하는 4가지 힘(중력, 전자기력, 강력, 약력)

외에 토션장이라는 제5의 힘이 존재하며, 토션장은 중력이나 전자기력처럼 거시적 영향력을 가진다"라고 주장하였다. 토션장은 회전 방향에 따라 좌회전파와 우회전파 2개의 극성을 가지며, 좌회전파는 해롭고, 우회전파는 이롭다고 알려져 있다. 토션파는 빛보다 빠르고, 진공과 같이 매질이 없는 상태에서도 전달되며, 에너지의 전달 없이 정보만 전송이 가능하다고 한다. 그래서 토션파를 '정보를 가진 에너지'라고도 한다.

서유럽의 수맥 전문가와 의사들도 자연계에 존재하는 4대 힘과는 다른 에너지인 '지구 에너지Earth Energies'가 있으며, 인간을 포함한 동식물의 건강에 유익함을 주기도 하고 해를 끼치기도 한다고 주장하였다.

러시아와 유럽의 과학자들이 주장하는 토션 에너지나 지구 에너지는 동양의 기와 유사 내지는 동일한 개념으로 생각된다. 특히 새로운 힘의 특성들을 연구하고, 관련 지식을 활용하여 통신, 의료, 자원 탐사 등 다양한 영역에서 기술 개발을 추진해오고 있다는 점에서 철학적 범주를 크게 벗어나지 못하고 있는 동양의 기 이론보다는 진일보한 측면이 있다.

관점은 서로 다르지만 동서양을 관통하는 일관된 생각은 기는 생명력을 가진 에너지 현상으로서 생명에 유·무해한 영향을 끼친다는 점이다.

제1절

기의 일반적 특성

지구 내부에서 발산되는 미세 에너지인 기가 드러내는 일반적인 특성들이 있다. 필자가 밝혀낸 기의 특성 12가지를 Bon's rule로 정립하고자 한다.

Bon's rule 1) 기는 장소성(場所性)이 있다.

자연계의 4대 힘인 중력, 전자기력, 강력, 약력이 보편성을 가지는 힘인 데 반해, 기는 특정 장소에서 발산되는 힘이다. 지구상에는 동서 방향, 남북 방향 그리고 그 대각선 방향으로 다양한 각도로 기가 흐르는 라인이 있다. 그 라인 중에 음기가 흐르는 곳, 양기가 흐르는 곳, 음양기가 흐르는 곳이 정해져 있다.

Bon's rule 2) 기는 영속성(永續性)이 있다.

기는 처음 발현되었을 때의 환경이 바뀌지 않는 한 영원히 그 힘이 지속된다. 즉, 지구 내부의 외핵이 고온의 유체 상태를 유지하고, 지구는 자전하면서 태양 주위를 공전하며, 달이 지구를 현재와 같이 위상을 바꿔가며 주기적으로 공전할 때, 기는 변함없이 존재하면서 그 특성들을 발휘한다.

Bon's rule 3) 기는 회오리(Vortex) 에너지다.

기는 단순한 진동이나 회전 에너지가 아니고, 좌회선, 우회선을 하는 회오리 에너지다. 음기는 좌회선을 하고, 양기는 우회선을 하며, 음양기는 좌회선을 하는 음기와 우회선을 하는 양기가 공존한다.

Bon's rule 4) 기는 기화(氣化) 현상이 있다.

물체를 자기장磁氣場 안에 두면 자석의 성질을 띠는 것처럼 특정 물체를 기가 작동되는 기장氣場 안에 놓으면 그 물체도 그 기가 가지고 있는 특성을 띠게 된다.

Bon's rule 5) 기는 방향성(方向性)이 있다.

지구상에 뻗어 있는 기가 흐르는 라인은 일직선으로 진행하며, 어느 것이든 그 힘이 오는 방향과 나가는 방향이 있다.

Bon's rule 6) 기는 지구 내부에서 발산한다.

기는 발산되는 지점의 하부로부터 상부로 솟아오르는 힘이다. 강이나 바다 위에 있는 다리 위에서도 느낄 수 있으며, 키 큰 나무 위나 고층 빌딩에서도 느낄 수 있다.

Bon's rule 7) 기는 교감해야 반응한다.

기는 느끼려는 의지가 없으면 반응하지 않는다. 느끼려는 의지를 가지고 교감할 때 반응한다. 존재를 확신하면 더 확실하게 감지된다.

Bon's rule 8) 기는 일정한 리듬으로 변화한다.

기는 대체적으로 일주일을 주기로 변화한다. 기의 변화 특성으로 볼 때, 달의 위상 변화와 깊은 관련이 있는 것으로 판단된다. 기의 특성이 바뀔 때는 변동성이 심해진다.

Bon's rule 9) 기는 동적(Dynamic)인 기와 정적(Static)인 기가 있다.

지구상에 거미줄처럼 뻗어 있는 기 라인에 흐르는 기운은 동적動的인 기운으로 강한 흐름을 가지며, 특정 물체에서 나오는 기운은 그 물체 주변에서만 느껴지는 약한 기운으로 정적靜的인 기운이다. 특이한 점은 정적인 기도 동적인 기운이 흐르는 라인 위에서는 강한 힘을 발휘한다. 기의 이런 특성을 이용하여 양기나 음양기를 가진 작은 물체로 수맥파를 차단할 수 있다.

Bon's rule 10) 기는 계속 나누어도 없어지지 않는다.

기는 자석처럼, 작게 나누어도 계속적으로 기의 특성을 띠며,

나눠진 기 또한 본래 가지고 있던 기의 특성을 유지한다.

Bon's rule 11) 기는 선택적 감지가 가능하다.

기는 탐사자가 원하는 기운을 선택적으로 감지할 수 있다. 따라서 음양기에서 반대 방향으로 작동하는 음기와 양기를 각각 감지할 수 있다.

Bon's rule 12) 기는 원격 조정(Remote Control)이 가능하다.

기는 매질에 영향을 받지 않고, 에너지의 손실 없이 생각의 속도로 정보전송이 가능하다. 대상이 구체화되면 시공을 초월하여 기의 원격 전사轉寫나 원격 감지가 가능하다.

제2절

기의 종류별 특성

　기는 크게 3가지 유형으로 분류할 수 있는데, 세 기운은 지구 상에서 동시에 작동한다. 음기 라인에서는 음기가 발산되며, 양기 라인에서는 양기가, 음양기 라인에서는 음양기가 발산된다. 그들은 다음과 같이 각기 다른 특성을 가지고 있다.

음기

　수맥 전문가들이 이야기하는 수맥에서 감지되는 좌회오리Left Vortex 기운이다. 파괴적 특성을 가지며, 생물과 무생물을 막론하고 미세 에너지에 의해 발생되는 부정적인 현상들의 원인으로 생각되는 기운이다.

　나무 아래에 음기가 지나갈 경우, 줄기가 상하로 찢어지고, 줄기가 음기의 운동 방향인 좌회전을 하면서 뒤틀려 자란다. 줄기에 혹이 생기거나 조직이 크게 괴사하기도 한다. 물질과 정신 모두에 해로운 영향을 끼치며, 특히 세포를 손상시키는 기운으로 현대 과학이 원인을 규명하지 못하고 있는 세포 관련 온갖 질병들의 원인으로 생각되는 기운이다.

양기

풍수지리 전문가들이 이야기하는 음택 명당에서 감지되는 우회오리Right Vortex 기운이다. 촉매적 특성을 가지는 기운으로 다산과 풍요 및 신성神聖을 상징한다. 선사시대 고인돌과 같은 거석 기념물에서 감지되며, 조선 왕릉에서 감지되는 기운이다. 악귀나 질병의 침입을 막고 신성한 곳임을 알리는 표지석 혹은 선돌 등에서도 감지된다.

영지버섯, 노루궁댕이버섯, 운지버섯은 양기 위에 자생하고, 매미는 양기를 선호한다. 한 줄기의 양기 라인 위에 자라는 나무는 양기가 흐르는 방향과 직각 방향으로 쌍둥이 줄기들이 생겨나고, 양기 라인이 교차하는 곳에 자라는 나무는 3개 이상의 줄기가 양기 라인을 피해 자라나며, 위쪽으로 기하급수적으로 많은 가지들이 자란난다.

음양기

풍수지리 전문가는 양기로 생각하고, 수맥 전문가들은 음기로 생각하는 기운이다. 필자의 전작 「기발한 풍수」에서 최초로 언급한 기운이다.

음양이 공존하는 조화와 균형의 기운이자 생명의 기운이다. 동일한 위치에서 우회오리 에너지와 좌회오리 에너지를 각각 감지할 수 있다.

수맥 전문가들은 이 기운을 음기로 생각하여 고양이나 벌이 음기를 좋아한다고 착각하였다. 많은 풍수 전문가들은 이 기운과 양기를 구분하지 못하고, 음택 명당의 기운과 양택 명당의 기운을 같은 기운으로 보아 국면의 규모가 작으면 음택 명당, 규모가 크면 양택 명당으로 보았다.

일반적인 파동이라면 음과 양이 서로 간섭에 의해 상쇄 혹은 소멸되어야 하나 음양기는 각각의 기운이 소멸되지 않고, 각 기운의 특성을 드러내지도 않으면서 생명에 최적화된 환경을 만든다. 생명체를 구성하는 세포를 건강하게 하고 모든 생명체에 활력을 주는 기운이다.

음양기가 흐르는 곳은 치유의 공간이고, 휴식의 공간이며, 재충전의 공간이다. 이곳이야말로 생명이 있는 모든 것들의 안식처, 곧 삶의 명당이다.

음양기가 지나가는 곳에 자라는 나무는 빨리 자라고, 튼튼하게 자라며, 유실수의 경우 꽃이 많이 피고, 알찬 열매를 맺는다. 국내의 대부분의 장수목들은 음양기가 교차하는 곳에 자리 잡고 있다.

 음양기는 지금까지의 풍수지리 개념을 바꿀 특별한 기운으로 현대 풍수가 집중적으로 연구하고 체계화해서 인류의 미래를 위해 활용해야 할 기운이다.

제2장

다우징(Dowsing)이란?

제2장
다우징(Dowsing)이란?

다우징은 자연과 교감하여 모든 물체나 현상에서 방사되는 기운을 감지하는 기술이다.

다우징은 다우징 로드나 펜듈럼 등 탐사 도구를 사용하여 지하수나 매장된 광물 또는 석유를 탐사할 뿐만 아니라 잃어버린 물건이나 사람을 찾고, 지뢰를 탐지하는 일에 이르기까지 다양하다.

다우징 행위를 하는 사람을 다우저Dowser라고 한다.

다우징은 보편적으로 알려져 있는 과학적 법칙이나 경험적 법칙, 기타 자연의 힘에 근거하지 않기 때문에 점성술이나 마술처럼 신비주의적 행위로 간주되는 경향이 있다.

16세기에 종교개혁을 단행한 마르틴 루터Martin Luther는 다우징으로 질병을 치료하거나 예언을 하는 등 신비주의적 경향이 강해지자 다우징 행위를 악마의 행위로 규정하여 금지시키기도 하였다. 그러나 이후 많은 성직자들이 다우징을 신과 교통하는 행위로 보거나 신으로부터 받은 선물로 여겨 다우저들이 책임감을 가지고 다우징을 좋은 일에 사용하도록 권장하였고, 마술, 예언 또는 사행심을 조장하는 도박 등에는 사용하지 말 것을 경고하기도 하였다.

다우징의 매력은 신비한 자연현상을 스스로 확인해볼 수 있다는 점이다. 장수목이나 연리지 아래로 흐르는 음양기를 확인할 수 있고, 고인돌 아래로 흐르는 양기를 확인할 수 있으며, 흉가에 감도는 음기를 직접 감지할 수 있다.

무엇보다 흥미로운 것은 원격탐사를 실행하고 그 결과를 스스로 확인해보는 것이다. 특정 물체에 원격으로 음양 기운을 넣고, 그 물체로 수맥 차단을 실행한 후 그 결과를 확인해보는 그 신비감을 무엇과 비교할 수 있을까?

동양의 풍수지리는 서양에서처럼 탐사 도구를 사용하지는 않았지만 산수山水의 형세와 방위 및 음양오행에 근거하여 좋은 기운이 맺혀있는 명당을 찾았다.

방법론에서는 동서양이 서로 달랐지만 찾고자 하는 대상에서 방사되는 기운을 감지하고자 했다는 점에서 일맥상통한다.

제1절

다우징의 작동 원리

　다우징은, 인간의 오감五感으로는 감지感知할 수 없는, 물체나 특정 현상 등에서 방사되는 미세 에너지를 탐사 도구를 사용하여 탐지하는 행위이다.

　탐사자가 아무 생각 없이 다우징을 하면 탐사 도구는 작동하지 않는다. 특정 기운을 탐지하겠다는 의지를 갖고 탐사에 집중할 때, 특정 기운과 교감이 되는 순간 탐사 도구가 반응한다. 예를 들어, 다우저가 지하수를 찾겠다는 의지를 가지고 탐사를 하면서 수맥 위에 다다르면 탐사 도구가 반응하지만 지하수에 집중하지 않거나 다른 생각을 하면 반응하지 않는다. 기운의 교감이 이루어지지 않으면 탐사 도구는 반응하지 않는다.

무엇이 탐사 도구를 움직이게 하느냐에 대해서는 의견이 분분하다. 지질학적 요인이나 변조된 지자기에 기인한다고 주장하기도 하고, 초자연적 힘이라고 주장하는 사람들도 있다.

다우징 로드 등 탐사 도구가 움직이는 것을 무의식적 지식이나 신념이 신체의 근육에 영향을 미쳐 의지나 의식과는 무관하게 일어나는 운동 반응이라고 보아 '관념운동 반응'Ideo-Motor Response이라고 주장하는 학자도 있다.

모든 물체는 고유 주파수또는 고유 진동수를 방출한다. 지구상에는 지구자기처럼 지구 내부에서 방사되는 미세 에너지 라인들이 거미줄처럼 펼쳐져 있으며, 지구는 그 라인들을 통해 끊임없이 미세 에너지를 방출하고 있다.

그 미세 에너지들은 생명체의 생체전자기장에 영향을 미치며, 생체전자기장은 지구의 미세 에너지장에 반응한다. 다우저는 특정 물체나 미세 에너지 라인에서 방사되는 입자나 파동 형태의 에너지들을 주파수 동조를 통해 감지한다.

일각에서는 다우징을 물리적인 현상이 아닌 초감각적 지각 현상Extra Sensory Perception, ESP으로 보기도 한다. 원격 다우징이 가능하다는 점에서 이러한 주장도 설득력이 있다고 생각된다.

본서에서는 지구 내부에서 발산되는 미세 에너지를 현장에서 직접 감지하는 방법에 집중하고자 한다. 탐사 도구로는 L 로드,

V 로드, Y 로드, 펜듈럼 등 다양한 도구들을 사용할 수 있으나 탐사자의 행위에 영향을 가장 적게 받으면서 기운의 특성에 따른 가시적 효과가 있는 L로드를 보편적으로 사용한다.

   기를 탐지할 때, 다우저의 몸은 기를 감지하는 센서 역할을 하고, 탐사 도구는 탐지하는 위치에서 감지되는 미세 에너지를 다우저의 손을 통하여 증폭시켜 주는 기능을 한다. 다우저가 탐사하고자 하는 대상에서 나오는 기운과 교감을 할 때 탐사 도구가 반응한다. 다우저가 쥐고 있는 L 로드는 다우저의 의지와 상관없이 감지되는 기운의 특성에 따라 손바닥에서 회전마찰을 일으키면서 좌회전 또는 우회전한다. L 로드의 움직임은 다우저가 느끼는 미세 에너지의 물리적 현상에 대한 자연스러운 반응이다.

   회의론자들은 다우저가 눈속임을 하는 것이고, 다우징 로드를 손가락이나 손바닥으로 조정한다고 하는데, 이는 전혀 터무니 없는 소리다.

   일부 다우징 전문가들은 발바닥을 통해 감지된 기운이 신경전달물질에 의해 뇌로 전달되고, 뇌의 명령을 받은 손의 미세한 움직임에 의해 L 로드가 움직인다고 하는데, 이 또한 틀린 말이다.

   같은 장소라고 해도 땅 기운이 강한 날은 L 로드가 반응하지만 약한 날은 L 로드가 반응하지 않는다.

   땅의 기운과 교감하면서 탐사 도구를 통해 손바닥에 미세한 반응이 오는 것을 느끼는 것은 신비하고도 황홀한 경험이다.

제2절

다우징의 종류

현장 다우징

L 로드나 펜듈럼을 들고 현장에서 직접 탐사를 하여 지하수 또는 광맥을 찾거나 음택 명당을 찾는 전형적인 필드 다우징을 말한다.

땅의 기운이 주기적으로 변하고, 기운의 강약이 있으며, 때로는 변화무쌍하게 변하므로 현장에서 직접 탐사를 하는 현장 다우징이야말로 가장 신뢰할 만하고 바람직한 탐사 방법이다.

원격 다우징

현장에서 직접 탐사하지 않고, 지도나 도면 또는 주소를 보면서 펜듈럼 등의 탐사 도구를 사용하여 탐사 행위를 하는 다우징을 말한다. 기는 생각의 속도로 반응하고, 거리를 불문하며, 선택적 감지가 가능하다. 시공을 초월하는 기의 특성상 지도나 도면 위에서 탐사를 하는 것이 가능한 일이기는 하지만 원격 탐사 시, 지도나 도면 아래쪽 땅의 기운이 반응한 것인지, 원격으로 현장의 기운이 감지된 것인지 아니면 탐사자의 염력에 의해 탐사 도구가 임의로 반응했는지 피탐사자는 알 수가 없다. 또한 원격 탐사 현장에 다양한 기운들이 교차하는 경우, 위치를 정확하게 명시했다 하더라도 탐사 결과에 대한 신뢰도가 떨어질 수 있다.

문답식 다우징

현장 다우징과 원격 다우징을 불문하고 문답법을 통해 다우징을 하는 경우도 있다.

문답법의 경우, 탐사와 관련된 구체적인 질문을 하되 Yes나 No의 대답만 가능하도록 질문해야 한다. 탐사자가 질문을 할 때 탐사 도구가 반응하면 Yes이고, 탐사 도구가 반응하지 않으면 No라는 방식이다.

지구상에는 수많은 에너지 라인들이 있으므로 탐사 도구는 지구상의 어떤 위치에서도 반응할 수 있다. 실제 땅의 기운에 반응할 수도 있으나 탐사자의 의도나 의지에 따라 반응할 가능성도 있다. 따라서 질문에 반응하거나 혹은 반응하지 않았다고 하여 탐사 도구가 탐사자의 질문에 충실하게 반응하였다고 장담할 수 없다.

문답법의 신뢰성을 의심하게 하는 부분은 미래를 예측하거나 복권 당첨과 같은 사적인 욕심을 추구할 경우, 답하지 않거나 틀리게 답할 수 있으니 사적인 욕심을 위해서는 사용하지 말라는 경고이다. 문답법의 불문율이나 다름없는 이 같은 경고는 문답법의 한계이자 맹점이다. 자연은 선악을 판단하지 않는다. 다우징도 마찬가지다.

기를 탐지하는 것은 각자 수련하는 방법이나 기술 수준 및 숙련도에 따라 차이가 있을 수 있다. 따라서 일반적으로 알려진 방법과 다르다고 무시하거나 무작정 비판할 수는 없다. 다만 합리적이지 않은 기준을 설정해 놓고 무조건 옳다고 주장하는 것은 다우징의 과학화나 발전을 저해하는 일이라 생각된다.

제3절

다우징을 위한 몸과 마음

　다우징은 탐지하고자 하는 대상이나 현상에서 방사되는 기운과 교감하는 행위다. 그 기운이 고유주파수 혹은 고유진동수일 수도 있고, 다른 형태의 미세 에너지일 수도 있다. 미세 기운과의 교감을 위해서는 고도의 집중력이 요구되는 만큼 기력氣力의 소모가 크다. 특히 좌회전 음기인 수맥을 탐사하는 경우, 탐사 후 극도의 피로감을 느끼게 된다. 음기는 세포를 병들게 하는 기운으로 음기 위에서 탐사를 지속하는 경우, 원기元氣의 소모가 클 수밖에 없다.

　기력이 떨어진 상태에서 탐사를 하거나 쇠약한 몸으로 다우징을 하다가 탈진 혹은 기타 불의의 사고를 당할 수도 있다. 따라서 평소 건강한 체력을 유지하고 있어야 하며, 컨디션이 좋을 때 탐사하는 습관이 올바른 탐사 결과나 탐사자의 건강을 위해서도 바람직하다.

다우징은 마음 상태 또한 중요하다. 특정 기운과의 교감을 위한 의식적인 노력도 필요하지만 기운이 작동되는 차원으로 의식의 자유로운 이동이 가능해야 한다.

맑고 또렷한 정신으로는 미지의 기운과 교감이 되지 않는다. 비몽사몽한 상태 또한 아니다. 마음속에 어렸을 적 친구를 떠올리는 것과 같은 상념의 차원에서 교감은 이루어진다.

다우징은 의식과 무의식 그리고 차원을 자유롭게 넘나드는 마음의 상태를 필요로 한다.

제4절

다우징 도구 및 사용 방법

베스트셀러 「람세스」를 보면 기원전 1300년대에 이집트의 파라오였던 람세스가 사막에서 버드나무 가지로 물을 찾았다는 내용이 있다. 고대 그리스의 역사가인 헤로도토스도 대여행을 하면서 Y자 모양의 나뭇가지로 물을 찾았다는 보고를 한 기록이 있다. 이 밖에도 고대 이집트의 벽화나 남아프리카 동굴화 및 잉카 유적에서도 나뭇가지 등으로 물을 찾는 내용들이 있다.

초기에는 나뭇가지 등 자연물을 이용한 다우징을 하였으나 차츰 V 로드, L 로드, 펜듈럼 등 다양한 탐사 도구를 사용하게 되었다.

Y 로드

나뭇가지를 꺾어 만든 Y 로드는 가장 오래된 다우징 도구라고 할 수 있다. 주로 사용하는 나무는 버드나무, 개암나무, 물푸레나무 등이며, 두 가지의 굵기나 길이가 비슷하면 어떤 나무도 사용 가능하다.

가지가 너무 굵으면 손으로 다루기가 쉽지 않고, 기운의 감지도 용이하지 않으며, 너무 가늘면 변동성이 심해 정확성이 떨어진다. 가지 굵기는 5mm에서 10mm, 길이는 50cm 정도가 적당하고, 가지 아래쪽 길이는 3cm에서 5cm 정도가 적당하다.

Y 로드로 물을 찾는 모습

Y 로드 사용 방법

① 양손바닥을 하늘을 향하게 한 후, Y 로드의 양쪽 가지 끝부분을 손바닥 전체를 사용하여 가볍게 쥔다.

② 팔과 나뭇가지는 땅과 수평이 되게 하고, 팔은 어깨 넓이로 벌려 나뭇가지가 팽팽하게 긴장감을 유지하도록 한다.

③ 편안한 자세로 탐사하고자 하는 대상에 집중하면서 천천히 걸어간다.
④ 탐사하는 대상의 기운이 감지될 경우, Y 로드의 끝부분이 아래나 위로 움직인다.

Y 로드 다우징 시 완벽한 수평을 이루기가 어려우므로 탐사자가 잡고 있는 Y 로드의 끝부분이 약간 위쪽으로 올라가 있으면 위로, 아래쪽이면 아래로 튕기듯 움직인다.

V 로드
Y 로드를 응용하여 철사 등으로 만든 탐사 도구로 사용 방법은 Y 로드와 같다.

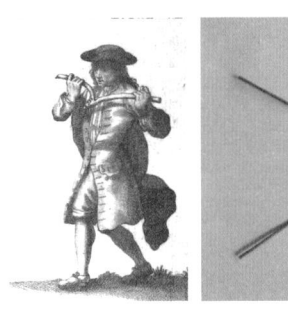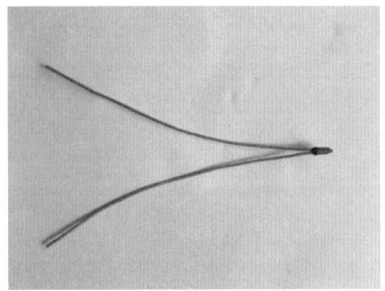

L 로드
가장 보편적이고 편리한 다우징 도구이다. 땅의 기운에 반응

하는 속도가 다른 탐사 도구에 비해 빠르고, 분명하다. L 로드의 재료는 금, 은, 동, 티타늄, 기타 각종 금속 제품을 주로 사용한다. 필자의 경우, 파이버 글라스 소재의 L 로드도 작동되는 것을 볼 때 소재에 관계없이 작동되는 것으로 보인다.

용접봉, 강철 철사, 금속제 옷걸이 등으로도 쉽게 만들 수 있으며, 성능에 특별한 차이를 느낄 수 없다.

L 로드 봉의 두께는 3mm에서 5mm 정도가 적당하고, 길이는 긴 쪽이 30cm에서 35cm, 짧은 쪽이 13cm에서 15cm가 적당하며, L 로드를 잡았을 때 안정감이 느껴지는 길이가 좋다.

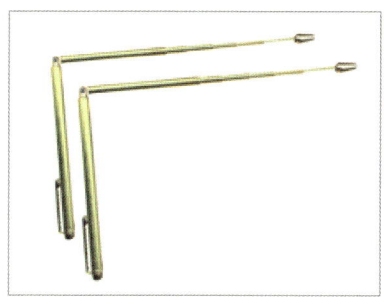 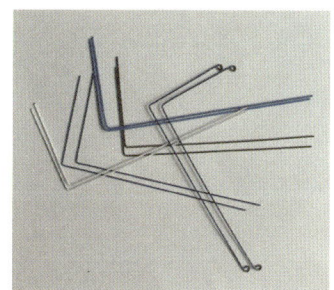

L 로드 사용 방법

① 양손으로 L 로드의 짧은 손잡이 부분을 달걀을 쥐듯 가볍게 쥔다.

② 양팔을 가슴 높이에서 어깨 넓이로 벌리고, L 로드의 긴 쪽이 땅과 수평이 되게 한다.

③ 자연스럽고 편안한 자세로 탐사하고자 하는 대상에 집중하

면서 천천히 걸어간다.

　④ 탐사 대상의 기운과 교감할 때, L 로드가 반응한다.

　탐사자가 L 로드를 잡는 상태에 따라 L 로드는 교차하기도 하고, 양쪽으로 벌어지기도 하며, 한쪽으로 쏠리기도 한다.

펜듈럼

　펜듈럼은 지하수를 찾는 용도로도 사용하지만, 질병의 진단이나 치료, 예언 등 각종 오컬트적 목적이나 용도로, 마치 마법의 도구처럼 사용하기도 한다. 펜듈럼의 움직임을 통해 미래를 예측하거나 필요한 정보를 얻기도 한다. 펜듈럼으로 직접 탐사를 하기도 하지만 주로 원격 감정이나 문답법을 통해서 해답을 찾는다.

　펜듈럼의 재료는 금, 은, 동 등 금속을 주로 사용하며, 보석류나 무게감이 있는 각종 광물질을 사용하기도 한다.

　펜듈럼은 보통 5g에서 10g 정도 되는 무게를 사용한다. 추가 가벼울 경우 변동성이 심하고, 너무 무거우면 반응이 느리다. 펜듈럼의 모양도 구형이나 원추 등을 주로 사용하며, 모양에 특별한 규정은 없으나 중력에 의해 지구 중심을 정확히 가리키는 끝이 뾰족한 추를 많이 사용한다. 펜듈럼에 매다는 줄은 보통 실이나 가는 체인을 많이 사용하며, 길이는 5cm에서 10cm를 많이 사용한다.

펜듈럼 사용 방법

① 엄지손가락과 검지로 펜듈럼의 줄을 가볍게 잡는다.

② 펜듈럼을 잡은 팔은 겨드랑이에서 조금 떨어지게 하여 자연스럽게 편다.

③ 편안하고 자연스러운 자세로 탐사하고자 하는 대상에 집중하면서 천천히 걸어간다. 걸어갈 때 외부의 물리적 자극이나 힘에 의해 추가 흔들리지 않도록 주의하여야 한다.

④ 탐사 대상의 기운과 교감할 때, 추가 반응한다. 추는 탐사하는 곳의 기운의 특성에 따라 시계 방향이나 반시계 방향으로 움

직인다.

추가 탐사자의 초기 미세 액션에 의해 전후좌우 다양한 각도로 직선운동을 하기도 하지만 탐사 현장의 기운에 부합하는 방향을 찾아가는 과정일 뿐이며, 궁극적으로는 시계 방향이나 반시계 방향으로 움직인다.

많은 경우, 탐사자가 훈련 과정에서 추가 움직이는 방향과 탐사자의 생각을 미리 약정해두고 훈련한다. 예를 들어, 추가 앞뒤로 흔들리면 Yes이고, 좌우로 흔들리면 No라고 정한다든지, 추가 시계 방향으로 돌면 Yes이고, 반시계 방향으로 돌면 No라는 식이다. 반대로 정할 수도 있다. 이러한 주관적이고 임의적인 방식에 의한 탐사 방법은 재미나 오락으로 하는 경우라면 상관없겠지만 풍수의 핵심 요소인 기를 희화화하는 일로 중요한 탐사에 적용하는 것은 바람직하지 않다.

과학은 분명해야지 귀에 걸면 귀걸이, 코에 걸면 코걸이가 되어서는 안 되기 때문이다.

제5절

다우징 실습

다우징은 자연과 교감하는 기술이다. 자연과 교감하는 방법에는 현장에서 직접 기운을 감지하는 방법이 있고, 현장에 가지 않고 원격으로 기운을 감지하는 방법도 있다. 또한 현장과 사무실을 막론하고 문답법을 통하여 기운을 감지하거나 정보를 얻을 수도 있다.

전술한 바와 같이 원격 다우징이나 문답식 다우징은 진실 여부를 떠나 탐사자의 주관이 개입될 여지가 많고, 탐사자의 염력에 의해 탐사 도구가 오작동할 가능성이 있다. 따라서 땅의 실제 기운에 기반한 다우징을 표방한 본서의 집필 의도에 반하므로 간략히 소개하는 선에서 그치고, L 로드에 의한 현장 탐사를 중심으로 설명하고자 한다.

L 로드는 기의 특성을 정확하게 확인할 수 있는 중요한 장점을 가지고 있다. 기는 회오리Vortex 특성을 가진다. 음택풍수의 핵심인 양기는 우회전을 하고, 수맥파라고 불리는 음기는 좌회전을 한다. 양택풍수의 핵심이자 생명에 이로운 기운인 음양기는 우회전하는 양기와 좌회전하는 음기가 동시에 작동된다. L 로드는 각각의 기운들을 정확하게 감지할 수 있다.

양기 감지하기
　양기는 지구 내부에서 시계 방향으로 회전하면서 지상으로 발산되는 미세 에너지다.

양기 이미지

　양기를 감지하기 위해서는 L 로드를 1시 방향으로 비스듬히 들고 똑바로 걸어가면서 미세한 우회전 기운을 느끼고자 하여야 한다. 이때 오른쪽 L 로드를 조금 더 길게 내밀면 미세한 우회전 기운을 감지하는 데 도움이 된다. 이 방법은 우회전 양기를 감지하기 위해 L 로드의 민감도를 높이는 방법이다. 양기가 감지되면 L 로드는 우회전을 한다.

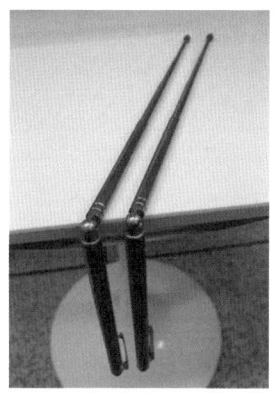

양기 감지 시 L 로드의 방향

양기에서는 L 로드가 양쪽으로 벌어진다고 주장하기도 하지만, 이러한 현상은 L 로드를 조율할 때 기가 감지되는 곳에서는 항상 볼 수 있는 현상으로 양기에만 국한된 것은 아니다. 양기는 우회전을 하는 미세 에너지로 양기가 있는 곳에서 L 로드는 우회전한다.

음기 감지하기

수맥파라고 알려진 음기는 지구 내부에서 반시계 방향으로 회전하면서 지상으로 발산되는 미세 에너지다.

음기 이미지

　음기를 감지하기 위해서는 L 로드를 11시 방향으로 비스듬히 들고 똑바로 걸어가면서 미세한 좌회전 기운을 느끼고자 하여야 한다. 이때 왼쪽 L 로드를 조금 더 길게 내밀면 미세한 좌회전 기운을 감지하는 데 도움이 된다. 이 또한 좌회전 음기를 감지하기 위해 L 로드의 민감도를 높이는 방법이다. 음기가 감지되면 L 로드는 좌회전을 한다.

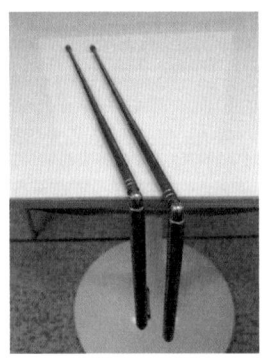

음기 감지 시 L 로드의 방향

수맥에서는 L 로드가 X자로 교차된다고 주장하기도 하지만 그것은 탐사자가 수맥을 찾는 과정에서 X자로 교차되기를 염원하면서 L 로드 끝을 약간 내리고 무의식적으로 L 로드 끝을 오므리는 행동 때문에 나타나는 현상이다. 음기는 좌회전을 하는 미세 에너지로 음기가 있는 곳에서 L 로드는 좌회전한다.

음양기 감지하기

　음양기는 시계 방향으로 회전하면서 지상으로 발산되는 미세 에너지인 양기와 반시계 방향으로 회전하면서 지상으로 발산되는 미세 에너지인 음기가 공존하는 기운이다.

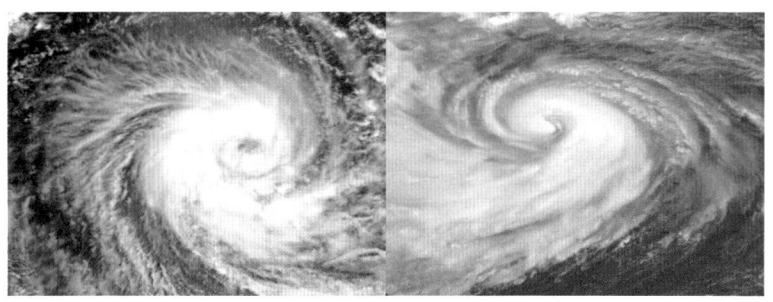

음양기 이미지

　음양기를 감지하기 위해서는 앞서 기술한 양기와 음기를 감지하는 방법으로 각각 감지하여야 한다.

　음양기는 고전물리학에서는 이해할 수 없는 현상을 보인다.

동일한 위치에서 반대 방향으로 발산되는 음기와 양기가 서로 상쇄되지 않고 각각 반대 방향으로 감지된다. 양기를 감지하고자 하면 우회전하는 양기가 감지되고, 음기를 감지하고자 하면 좌회전하는 음기가 감지된다. 선택적 감지가 가능하다는 이야기다.

필자가 제기하기 전까지 음양기는 존재 자체가 거론되지 않았다. 음택풍수를 하는 풍수가들은 양기와 음양기를 구분하지 못하고, 국면의 크기로 음택과 양택을 구분하였다. 양기와 음양기에서 집을 지을 정도로 국면이 크면 양택 명당으로 보았고, 국면이 한 사람 누울 정도로 작으면 음택 명당으로 보았다.

수맥 전문가들은 음기와 음양기를 수맥으로 보아 음양기에서 휴식하는 고양이와 음양기 위에 집을 짓는 벌이나 개미를 보고 이들이 수맥을 좋아한다고 하였다. 음양기를 모르는 서양 수맥 전문가들이 써놓은 책 내용을 그대로 받아들인 결과이다.

제3장

왜 명당이어야 하는가?

제3장
왜 명당이어야 하는가?

　명당이란 사전적 정의에 의하면 '후손에게 장차 좋은 일이 많이 생기게 된다는 묏자리나 집터'를 말한다. 두루뭉술하고, 다소 막연하여 선뜻 와닿지 않는다. 요즈음은 명당이라는 말에서 진실성이나 품격도 느껴지지 않는다.

　우리는 명당이란 말을 너무 쉽게 사용한다. 여기저기 갖다 붙이다 보니 명당이 아닌 곳이 별로 없다. 기도 명당, 로또 명당, 불꽃놀이 명당 등 수많은 명당들이 판치는 세상이다. 명당은 그렇게 헤프게 사용할 단어가 아니다. 명당은 현실에 존재하며, 우리가 찾아 누려야 할 소중한 가치가 있는 땅이기 때문이다.

　명당은 장소 그 자체보다 그 장소에서 발산되는 기운에 의미가 있다. 명당을 찾는 풍수지리가 비전秘傳되고, 명당이 왕가나 명문 사대부들만의 특권처럼 인식되어 왔기 때문에 명당은 일반인들과는 상관없는 일처럼 여겨졌다.
　하지만 이제 명당은 더 이상 특권층만의 전유물이 아니다. 명당을 찾는 방법만 익힌다면 대지를 따스롭게 비추는 햇빛처럼 명당의 혜택을 누구나 자유롭게 누릴 수 있기 때문이다.

　이제 명당의 정의를 바꿔야 한다. 죽은 자를 위한 명당과 산 자를 위한 명당을 명확하게 구분하여야 한다.

'후손에게 장차 좋은 일이 많이 생긴다는 묏자리'라는 고전적 의미의 명당은 음택양기 명당으로 죽은 자를 위한 명당이다. 풍수지리의 본류처럼 인식되어 온 음택 명당이 인과관계를 명확하게 규명하지 못하여 아직까지도 불신을 받고 있지만, 지속적인 연구를 통해 매장의 시원始原이라 할 수 있는 고인돌에서부터 2,000년 이상 이어져 온 양기 위에 매장을 한 풍습의 숨은 이유를 밝혀내야 한다.

산 자를 위한 명당은 '현재 거주하고 있는 사람이 건강하고 행복한 삶을 영위하며, 장수할 수 있는 집터'로서 양택음양기 명당이다. 양택 명당의 기운인 음양기는 현대를 사는 우리 모두가 관심을 가져야 할 가치가 있는 기운이다.

건강한 삶과 장수에 대한 갈망은 예나 지금이나 크게 다르지 않다. 그래서 건강과 장수를 결정하는 요인이 무엇인지에 대한 연구도 끊임없이 진행되어 왔다.

장수를 연구하는 학자들은 장수에는 유전적 요인과 라이프 스타일, 그리고 그 둘 사이의 상호작용이 복잡하게 얽혀있다고 한다.

미국 캘리포니아주 화이트 산맥에 서식하는 '강털소나무'라고도 불리는 '브리슬콘 파인'은 5,000년 넘게 산다고 한다. 일본 야쿠시마에 자라고 있는 삼나무인 '조몬스기'는 7,200년 된 것으로 추정하고 있으며, 그 섬에는 그 외에도 수천 년 된 나무들이 살고 있다고 한다.

미국 캘리포니아주 화이트 산맥의   일본 야쿠시마의 '조몬스기'
'브리슬콘 파인'

  국내에도 500년 이상 장수하고 있는 나무들이 적지 않다. 이들 장수하고 있는 나무들의 라이프 스타일이 따로 있을 수 없다. 그렇다면 이들 장수목들의 장수 원인은 전적으로 유전적인 요인만 있는 것일까? 다른 장수 요인은 없을까?

  장수하고 있는 나무들에서 일관되게 확인되는 사실이 있다. 장수목들은 한결같이 음양기가 교차하는 곳에 위치해 있다. 음양기는 세포를 건강하게 하는 생명의 기운이다. 장수목들이 살고 있는 땅의 위치가 장수의 결정적 요인이며, 그 장소에서 발산되는 음양기가 장수를 결정짓는 열쇠다.
  식물의 장수에 결정적 영향을 미치는 땅의 기운이 동물에 영향을 미치지 않을 이유가 없다.

중요한 것은 유전적 요인은 선택의 여지가 없지만 땅의 기운은 선택이 가능하다는 사실이다. 우리가 명당을 찾고 명당의 기운을 활용해야 하는 이유이다.

제1절

죽은 자를 위한 명당 / 풍요와 번영의 기운

    죽은 자를 위한 명당인 음택 명당에서 발산되는 기운은 지구 내부에서 발산되는 우회전 기운인 양기이다.

    음택 명당 존립 근거가 되고 있는 이론은 동기감응론同氣感應論이다. 조상과 후손은 같은 유전자를 타고나므로 조상이 죽어 음택 명당에 묻혀있으면 조상이 명당으로부터 받는 좋은 기운이 같은 유전자를 가지고 있는 후손에게 전달되어 후손이 발복한다는 것이다.

    동기감응론은 원인과 결과 사이의 시차가 있어 인과관계를 명확하게 검증하거나 확인하기가 쉽지 않다. 따라서 오랫동안 논란의 중심에 있었고, 현재도 명쾌하게 입증하지는 못하고 있다. 물론, 동기감응론을 입증하기 위한 다양한 시도들은 꾸준히 이뤄

지고 있다.

새끼가 있는 어미 토끼를 잠수함에 태워 깊은 바닷속에서 전기 자극을 주자 육지의 새끼 토끼들에게서 전기 자극에 대한 반응이 감지되었다는 연구도 있고, 인간의 정자를 추출한 후 정자의 주인에게 전기 자극을 주었더니 정자가 정확한 시각에 반응하였다는 연구보고도 있다.

살아있는 친부와 친자 사이에 이러한 개연성을 인정한다고 하더라도 죽은 조상과 후손 사이에 동일한 결과가 있으리라고 장담할 수 없고, 후손 발복까지 보장할 수는 없다. 따라서 이와 같은 실험들이 동기감응론을 완벽하게 입증하였다고 할 수는 없다.

다른 한편으론 사후세계를 완벽하게 알지 못하는 상태에서 동기감응론만이 음택 명당의 문제를 설명할 수 있는 유일한 이론인 양 주장하는 것도 무리는 있다. 후손 발복이라는 결과를 만들어 내는 우리가 모르는 또 다른 원인이 있을지도 모르기 때문이다.

현재 확인 가능한 것은 우리 조상 최초의 무덤이라고 할 수 있는 고인돌이 한 줄기의 양기 라인 위에 조성되어 있고, 풍수지리가 절정을 이뤘던 조선시대 왕릉이나 권문세가들의 무덤이 양기가 교차된 곳에 조성되어 있다는 사실이다.

강화 부근리 고인돌　　　　　포천 금현리 고인돌

태조 이성계의 능인 건원릉　　　세종의 능인 영릉

　우리 조상들이 묏자리로 활용해 온 양기를 자연과학적 관점에서 살펴보면 흥미로운 사실을 확인할 수 있다.
　양기 위에 나무가 자라는 경우, 나무는 양기 라인을 중심으로 양쪽으로 같은 크기의 쌍둥이 줄기나 쌍둥이 가지를 만든다. 결코 양기 라인 위로 줄기를 뻗지 않는다.

한 줄기의 양기 라인 위에 자라는 나무들

　양기가 교차하는 곳에 나무가 자랄 경우, 나무는 양기 라인을 피해 세 줄기 혹은 네 줄기의 쌍둥이 줄기를 만들며, 위쪽으로 더욱 많은 가지를 만든다. 음기가 지나가지 않는 한 쌍둥이 줄기나 가지들은 한결같이 튼실하다.

두 줄기 이상의 양기 라인 위에 자라는 나무들

다박솔 또한 여러 개의 양기 라인 위에 자란다.

당진 시곡동 다박솔　　　　　창덕궁 인정전 앞 다박솔

　식물들 또한 양기 라인 위에 자라는 경우, 많은 가지를 만들고, 많은 꽃과 많은 열매를 맺는다. 양기가 생명에 특별한 영향을 주고 있음을 시사한다.

　양기는 세포분열을 촉진시키는 기운으로 다산과 풍요와 번영의 기운이다. 우리의 조상들이 양기의 이러한 특성을 음택에 적용하였다는 사실이 놀랍다.
　그런 점에서 아직까지 명확하게 규명하지 못하고 있는 동기감응론이나 명당 발복의 문제를 확실히 규명할 수 있는 좀 더 과학적이고 체계적인 연구가 필요하다고 생각한다.

제2절

산 자를 위한 명당 /
세포를 건강하게 하는 기운

산 자를 위한 명당인 양택 명당에서 발산되는 기운은 음양기이다. 음양기는 다음과 같은 다양한 특성들이 있다.

1. 음양기는 음과 양이 조화와 균형을 이루고 있는 기운이다.

음양기가 흐르는 라인은 음기와 양기가 동시에 발산되지만 서로 상쇄되지 않고, 각각의 특성을 드러내지도 않으며, 생명에 최적화된 환경, 즉 세포를 건강하게 하는 환경이 된다. 국내에 장수하고 있는 대부분의 장수목들은 음양기가 교차되는 곳에 자라고 있다.

충북 보은의 정이품송　　　　용문사 은행나무

　조선의 명문 종가宗家들의 종택宗宅들은 풍수지리 측면에서 좋은 곳에 터를 잡고 있다. 그런데 특기할 것은 남자들의 공간인 사랑채보다는 여인네들의 공간인 안채에 각별히 신경을 썼다는 사실이다. 명당이 임신과 육아 기간을 통해 후손들의 건강과 장수에 지대한 영향을 미친다는 사실을 인지하고 터득한 경험의 소산이 아니었을까?

2. 음양기는 세포를 건강하게 하는 기운이다.

　음양기 위에 자라는 식물은 빨리 자라고, 건강하게 자라며, 화려하고 튼실한 꽃을 피운다. 음양기 위에 자라는 유실수는 알찬 열매를 맺으며, 그 열매엔 생명에 좋은 기운까지 담고 있다.

음양기 위에 자란 백일홍　　　　　　　산수유

모든 야생동물들은 음양기 위에 집을 짓고, 음양기 위에서 새끼를 낳아 키우며, 음양기 위에서 잠을 잔다. 음양기는 생명체의 건강에 필수적인 생명의 기운이기 때문이다.

　까치는 전봇대 위의 집을 제거해도 그 자리에 다시 집을 짓고, 제비나 벌도 전에 집을 지은 자리에 또 집을 짓는다. 그 자리는 음양기가 흐르는 자리이며, 음양기는 세포를 건강하게 하는 기운이기 때문이다.

 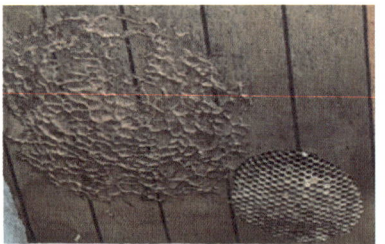

음양기를 선호하는 까치, 제비 및 벌은 전에 지은 집 근처에 집을 짓는다.

3. 음양기는 세포의 유전적 특성들을 극대화하는 기운이다.

약성이 탁월하다고 알려진 한반도 대부분의 약용식물들은 음양기가 발산되는 곳에 자생하고 있다. 산삼, 오갈피나무, 두릅나무과의 나무들, 맥문동, 생강나무 등 많은 약용식물들이 음양기 위에 자생한다.

음양기 위에 자생하는 산삼   오갈피

4. 음양기는 공존동생共存同生의 기운이다.

서로 다른 뿌리를 가진 나무들의 줄기나 가지가 연결되어 한 몸처럼 살아가는 연리지와 연리목은 음양기 위에서 만들어진다.

태백산 전나무 연리지   삼성산 상수리나무 연리지

다른 나무에 기생해서 살고 있는 나무로 동서양 모두에서 약용식물로 알려져 있고, 신비한 기운이 있다고 알려진 겨우살이 또한 음양기 위에서만 자란다.

음양기 위에 자생하는 겨우살이

연리지나 겨우살이는 삶 자체도 특별하지만 연리지 앞에서 기도하면 연인들의 소원이 이루어지고, 겨우살이 장식 아래에서 키스를 하면 결혼을 하거나 행복해진다는 동서양의 속설이 음양기의 속성인 조화와 균형과 맥락이 닿아 있는 것 같아 흥미롭다.

5. 음양기는 치유의 기운이고, 휴식과 재충전의 기운이다.

먹이 활동이 끝난 새들은 음양기 위에서 휴식을 취하고, 병들거나 상처 입은 동물들도 음양기를 찾아간다. 모든 동물들이 잠을 자는 곳 또한 음양기 위다.

음양기가 흐르는 곳은 아픈 몸을 치유하고, 지친 몸에 휴식을 주며, 내일을 위해 필요한 원기를 재충전하는 공간이기 때문이다.

음양기 위에서 휴식을 취하는 동물들

창덕궁의 모든 정자들은 연못 쪽을 향하거나 연못 속에 잠겨 있는 두 개의 석주에 음양기가 지나가도록 설계되고, 건축되어 연회를 즐기는 사람들이 자연의 조화로운 기운을 받을 수 있도록 하였다.

창덕궁의 정자들
시계 방향으로 부용정, 관람정, 승재정, 존덕정

6. 음양기는 생리작용을 활발하게 하는 3통(三通)의 기운이다.

음양기 위에서는 자율신경이 원활하게 작동된다. 음양기 위에서는 호흡이 편해지고, 배설이 용이해지며, 순환 기능 또한 원활해진다. 한방에서 이뇨작용이 있거나 순환계통에 효험이 있다고 알려진 대부분의 약용식물들은 음양기 위에 자생하고 있다.

시계 방향으로 가시오가피, 두릅나무, 왕고들빼기,
겨우살이, 자귀나무, 생강나무

    산책 중인 반려견이 급하게 배설을 하는 곳도 음양기가 발산되는 공간이다.

음양기는 심신心身의 기능을 최적화하여 건강한 신체와 총명한 정신을 가져오는 기운이다. 명당이 부와 명예를 직접적으로 가져다준다는 생각은 잘못된 것이며, 명당에서 함양된 좋은 품성과 훌륭한 능력이 세상에 나가서 탁월한 성과와 업적을 가져오고, 부와 명예는 부수적으로 따라오는 결과로 보는 것이 타당하다.

음양이 조화로운 음양기는 풍수지리 통념을 바꿀 특별한 기운이다. 현대 풍수가 집중적으로 연구하고 체계화해서 인류의 미래를 위해 활용해야 할 기운이다.

제4장

왜 흉지를 피해야 하는가?

제4장
왜 흉지를 피해야 하는가?

흉지란 생명에 해로운 기운인 '음기가 발산되는 땅'이다.

청오경이나 금낭경 등 풍수 고전에 기록된 흉지凶地는 '여러 가지 이유로 장사葬事를 지낼 수 없는 땅'을 말한다. 본 장에서 이야기하는 흉지는 양택 명당에 대비되는 개념으로 '생명에 해를 끼치는 땅'이다.

흉지의 기운인 음기는 지구 내부에서 발산되는 좌회전하는 미세 에너지로 '지속적인 자극'을 통해 음기 라인 위에 있는 모든 물질을 파괴한다. 음기 라인 위에 있는 물체는 미시적으로는 음기에 의해 그 물체의 구성 요소가 분열되고, 결과적으로 물체 자체가 균열되거나 파괴된다.

음기로 인해 파손된 인도

또한 음기는 '지속적인 자극'을 통해 모든 생명체의 최소 구성단위인 세포에 악영향을 준다. 세포의 분열에 부정적 영향을 미쳐 비정상적인 세포분열을 초래하고, 세포의 성장 및 기능에 악영향을 끼쳐 각종 세포 관련 질병을 초래한다.

음기로 인해 혹이 생기고 뒤틀려 자란 나무

흔히 흉가凶家로 알려진 집들은 유달리 강한 음기가 흐르거나 음기가 교차하는 곳이다. 흉지란 음기가 왕성하게 발산되는 땅으로 생명에 해를 끼치므로 생활하면서 반드시 피해야 한다.

제1절

물질을 손상시키는 파괴의 기운

흉지에서 발산되는 기운은 지구 내부에서 발산되는 좌회전 에너지인 음기로 물질을 파괴하는 기운이다.

음기는 포장된 도로나 보도, 시멘트 계단 등에 일직선으로 균열을 일으킨다. 균열된 지각에 오랜 기간에 걸쳐 빗물이 스며들어 생성된 것이 수맥이다. 그러므로 수맥의 원인은 음기다. 음기는 지속적인 자극이나 진동을 통해 지반을 약화시켜 싱크홀이 생기게 하고, 지진 발생 시 액상화 현상을 일으키거나 지각 균열로 큰 피해를 야기하기도 한다.

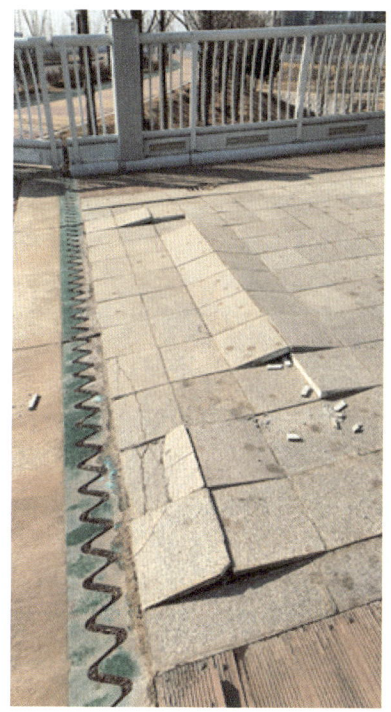

음기 라인을 따라 파손된 교각 및 지진 후 액상화 현상

　또한 음기는 축대나 건물 벽에 수직으로 균열을 초래하고, 건물 바닥이나 벽면의 타일을 파손시키거나 들뜨게 하는 등 건축 구조물에 치명적 손상을 가져온다. 음기는 지속적으로 생성되는 기운이므로 음기 라인 위에 생긴 균열은 보수를 하여도 일정 기간이 지나면 재발한다.

음기의 지속적인 자극에 의해 균열된 광통교 및 북한산성 서암문 축대

초정밀을 요구하는 첨단 설비도 음기 위에 설치될 경우, 지속적인 자극에 의해 정밀도에 문제가 생기거나 고장이 날 수도 있다. 이뿐만 아니라 지하에 매설된 고압의 가스배관이나 대용량 유체 이송 배관의 체결구가 음기 라인 위에 있을 경우, 지속적인 자극에 의해 체결구에 유격이 생기면 큰 사고를 초래할 수도 있다.

음기로 인해 발생한 맨홀 주변 파손   울산 지하매설 스팀 배관 폭발 현장

제2절

세포를 병들게 하여
생명에 해를 끼치는 기운

    음기는 생명체의 구성단위인 세포를 병들게 하는 기운으로 다음과 같은 다양한 결과를 초래한다.

    1. 흉지의 기운인 음기 위에 파종한 씨앗은 발아가 잘 되지 않고, 발아가 되어도 성장이 더디거나 비정상적으로 자란다. 음기 위에 자라는 나무는 성장하면서 줄기가 세로로 갈라지고, 줄기나 가지가 뒤틀리며, 때로는 혹이 생기기도 한다.

음기 위에 자라는 나무들

2. 음기는 생명력을 약화시키는 기운이다. 음기 위에 나무를 이식할 경우, 나무의 생명력이 음기의 해로운 영향을 이기지 못하여 새 뿌리를 내리지 못하고, 결국 죽게 된다.

고사枯死한 기념식수

3. 음기는 동물들이 본능적으로 피하는 기운이다. 동물은 흉지의 기운을 꺼려 하여 흉지에 가지 않으며, 가더라도 결코 오래 머무르지 않는다. 땅 기운에 민감한 동물들은 음기 위에 먹이를 주면 먹이를 먹지 않거나 먹이를 물고 신속히 자리를 피한다.

4. 음기는 세포분열 과정에 부정적 영향을 끼쳐 다운증후군과 같은 세포분열 이상에 기인한 질병들을 일으킬 수 있다. 임산부가 흉지에서 계속 거주하는 경우, 기형아나 발달장애아를 출산할 수도 있다.

5. 사람이 흉지에서 장기간 지속적으로 잠을 잘 경우, 숙면을 가져오는 멜라토닌을 생성하는 뇌신경 세포의 기능을 저해하여 불면증이나 우울증을 겪을 수 있으며, 심한 경우 정신질환에 걸릴 수도 있다.

6. 음기는 스트레스나 만성질환의 원인이며, 암, 치매 등 원인이 밝혀지지 않은 각종 세포 관련 질환을 일으킬 수 있다.

7. 수맥 탐사 등으로 음기 위에 오래 머무르는 경우, 급격하게 기력이 소진된다. 음기는 순간적으로 관절의 기능을 무력하게 하여 발목 접질림 현상을 초래하고, 악력握力을 약화시켜 물건을 떨어뜨리게 한다.

제5장

명당과 흉지를 찾는
원리와 방법

제1절

명당을 찾는 방법

음택 명당 찾는 법

음택 명당은 '후손에게 장차 좋은 일이 많이 생기게 된다는 묏자리'로 '양기가 교차하는 곳'이다. 동기감응론 수긍 여부를 떠나 오랜 옛날부터 우리 조상들은 돌아가신 분을 좋은 자리에 모시는 것을 후손의 당연한 도리라고 생각하였다.

본 장에서는 음택 명당의 핵심인 양기를 찾고, 양기가 교차하는 혈을 찾는 방법을 소개하고자 한다.

1) 양기 찾기

음택 명당을 찾을 경우, 우선적으로 주변에서 양기를 선호하는 동식물을 찾아보기를 권한다.

① 양기를 선호하는 동식물 활용하기

매미는 양기를 선호하는 동물이다. 지역에 따라 5년에서 17년까지 땅속 양기가 흐르는 곳에서 나무뿌리의 즙을 먹고 살다가 지상으로 나와 양기 위에 있는 나무나 풀을 타고 올라가 우화를 하고, 짝짓기를 한 후 죽음을 맞이하는 드라마틱한 삶을 살다 간다. 매 순간 매미가 머무르는 곳이나 매미의 허물인 선태蟬蛻가 있는 곳은 양기가 흐르는 곳이다.

영지버섯, 노루궁댕이버섯은 양기가 발산되는 라인을 따라 자생한다. 버섯 포자가 바람에 날려 사방으로 흩어지지만 이 버섯들의 포자는 양기 위에서만 발아된다. 영지버섯과 노루궁댕이버섯이 자생하는 곳은 양기가 흐르는 곳이다.

자생하는 나무의 줄기가 쌍둥이처럼 2가지 이상 갈라지는 곳은 양기가 흐르는 곳이다. 양기 라인이 1개인 경우, 줄기 2개가 양기 라인의 양쪽으로 갈라지며, 2개 이상이 교차하는 경우, 줄기 3개 이상이 양기 라인을 피해 자란다.

쌍둥이 줄기를 가진 나무는 갈라진 줄기 사이로 양기가 흐른다. 줄기 3개 이상이 같은 크기로 갈라진 경우, 나무가 있는 자리가 '양기 라인이 교차하는 곳' 소위, 혈 자리다. 그곳은 음택 명당 자리로서 수목장을 하는 경우, 최고의 입지이다.

매미가 머무르는 곳이나 영지버섯, 노루궁댕이버섯 등이 자생하는 곳은 양기가 지나가는 한 지점을 알려줄 뿐이다. 양기가 지나가는 라인을 정확하게 알기 위해서는 탐사 도구로 방향을 확인해야 한다.

② 탐사 도구로 찾기

탐사 도구 중 L 로드는 명당을 찾는 매우 편리한 도구이다. L 로드로 양기를 찾고자 할 경우, 2장 5절 다우징 실습 편의 '양기 감지하기'를 참고하기 바란다.

2) 양기 라인 찾기

양기를 선호하는 동식물들은 강한 양기에 끌리므로 주변에 그런 동식물이 있을 경우, 그 지점을 기점으로 양기 라인을 찾으면 된다.

① 영지버섯을 발견한 경우, 버섯에서 1m쯤 떨어져서 L 로드를 들고 반시계 방향으로 돌면서 양기를 감지한다.

② 양기가 감지되면 2~3차례 재확인을 한 후 그곳에 표시를 하고, 영지버섯 반대쪽을 염두에 두고 반시계 방향으로 계속 돌면서 양기를 감지한다. 그러면 영지버섯 반대 방향에서 양기가 감지될 것이다.

③ 영지버섯을 중심으로 양기가 감지된 곳을 이으면 그 라인이 양기가 흐르는 방향이다.

매미가 머무르는 나무에서 양기가 지나가는 방향을 확인하는 방법도 또한 같다.

　주변에 양기를 선호하는 동식물이 없는 경우에는 2장 5절 다우징 실습 편에서 '양기 감지하기'를 참고하여 양기가 지나가는 한 지점을 찾고, 상기 ①, ②, ③을 반복하면 된다.

　양기 라인이 교차하는 곳을 찾기 위해서는 처음 찾은 양기 라인에서 2m 정도 떨어져 양기 라인과 평행하게 걸어가면서 양기를 찾고, 이어서 상기한 ①, ②, ③을 반복하여 양기 라인을 찾은 후 처음 양기 라인과 교차하는 지점을 찾으면 된다.

3) 양기가 오는 방향과 나가는 방향 찾기
　① 양기 라인에 서서 L 로드를 들고 좌회전하면서 한 바퀴를 돈다. 그러면 양기 라인 양쪽의 기운의 세기가 다르다는 것을 알 수 있다.
　② 좌회전하는 속도에 따른 L 로드의 반응을 보면서 계속 좌회전한다. 양기가 오는 방향에서는 L 로드가 양기의 힘을 이기지 못하고 우측으로 꺾이지만 양기가 나가는 방향으로는 L 로드가 양기의 힘을 이겨내고 탐사자와 같이 좌회전을 한다.
　③ L 로드가 꺾이는 쪽이 양기가 들어오는 방향이고, L 로드가 그대로 회전하는 쪽이 양기가 나가는 방향이다.

이 방법은 탐사자가 회전하는 속도와 L 로드를 감각적으로 다루는 기술이 필요하며, 상당 기간의 수련을 요한다.

양택 명당 찾는 법

양택 명당은 전통적 의미로는 '후손에게 장차 좋은 일이 많이 생기게 된다는 집터'이며, 현대적 의미로는 '생명체의 세포를 건강하게 하는 음양기가 왕성한 땅으로 거주자의 건강과 장수를 가져다주는 집터'이다. 즉, 집이나 정자 등 살아있는 사람이 거주하고 생활할 터전을 말한다.

음택 명당이 조상을 숭배하고 후손의 발복을 바라는 마음에서 선호되었다면 양택 명당은 가족의 건강과 행복을 바라는 마음의 발로라고 할 수 있다. 충효를 중시했던 유교적 전통 때문에 과거에는 음택 명당에 비해서 덜 선호된 측면이 있지만, 현재의 삶을 중시하는 오늘날은 양택 명당이 훨씬 더 중요한 의미를 가진다.

본 장에서는 양택 명당의 핵심인 음양기를 찾고, 음양기가 교차하는 곳을 찾는 방법을 설명하고자 한다.

1) 음양기 찾기

음택 명당을 찾을 때와 마찬가지로 우선적으로 주변에서 음양기를 선호하는 동식물을 찾아본다.

① 음양기를 선호하는 동식물을 활용하기

들판에서 흔히 볼 수 있는 왕고들빼기와 수크령은 음양기 위에 자생한다. 크고 작은 왕고들빼기나 수크령이 많이 자생하는 곳은 음양기가 왕성한 곳이다. 이런 곳은 좋은 기운이 흐르는 곳으로 집을 지을 수 있는 좋은 터다.

야산의 진달래나 생강나무가 자생하는 곳 또한 음양기가 발산되는 곳이다. 이런 곳은 정자를 짓거나 힐링센터, 산후조리원, 요양원, 재활센터 등이 적합할 것이다.

약용식물이 자생하는 곳은 음양기가 흐르는 곳이며, 연리지나 겨우살이가 있는 곳도 음양기가 발산되는 곳이다.

수백 년 된 장수목의 경우, 대부분 음양기가 교차하는 곳 소위, 혈이라고 부르는 곳에 자란다.

반려동물이 휴식을 하거나 배설을 하는 곳은 음양기가 흐르는 곳이며, 까치나 까마귀, 비둘기가 집을 짓는 곳도 음양기가 흐르는 곳이다. 야생 조류가 휴식을 취하거나 배설을 하는 곳도 음양기가 흐르는 곳이다.

야생 벌도 음양기 위에다가 집을 지으며, 개미집도 음양기 위에 있다.

땅속에 사는 지렁이도 음양기를 선호하며, 음양기가 교차하는 곳에 특히 많이 서식한다.

위에 설명한 바와 같이 음양기를 선호하는 동식물을 발견한 경우, 반드시 그 자리에서 양기와 음기를 각각 확인하여 두 가지 기운이 존재하는지를 검증해보아야 한다.

연리지의 경우, 서로 다른 두 나무의 사이로 음양기가 지나가므로 음양기가 지나가는 방향을 알 수 있다.
거미는 음양기가 지나가는 방향에 직각으로 거미줄을 치므로 거미줄을 보면 음양기가 흐르는 방향을 알 수 있다. 성체 거미일수록 강한 기운에 반응하므로 강한 음양기를 예상할 수 있다.
두더지도 음양기가 흐르는 방향으로 굴을 파므로 두더지 굴을 보면 음양기의 방향을 알 수 있다.

위에서 자세하게 설명한 음양기를 선호하는 동식물이 있는 곳은 음양기가 지나가는 한 지점을 알려줄 뿐이다. 음양기가 지나가는 라인을 정확하게 알기 위해서는 탐사 도구로 방향을 확인하여야 한다.

② 탐사 도구로 찾기
L 로드로 음양기를 찾고자 할 경우, 2장 5절 다우징 실습 편의 '음양기 감지하기'를 참고하기 바란다.

2) 음양기 라인 찾기

　약용식물을 포함하여 음양기를 선호하는 식물들은 대부분 음양기가 흐르는 라인에 자생한다. 음양기가 발아 조건이거나 생장에 필수요건인 것으로 생각된다. 음양기 위에 자생하지 않는 식물일지라도 음양기 위에서 발아되어 자랄 경우, 주변의 것보다 크고 튼실하게 자라므로 육안으로 쉽게 확인할 수 있다. 주변에 음양기에 자생하는 식물이 있을 경우, 그 지점을 기점으로 음양기 라인을 찾으면 된다.

　① 왕고들빼기나 수크령을 발견한 경우, 그것에서 1m쯤 떨어져서 L 로드를 들고 시계 방향이나 반시계 방향으로 돌면서 음기나 양기를 감지한다. 시계 방향으로 돌면 음기를 감지할 수 있고, 반시계 방향으로 돌면 양기를 감지할 수 있다.
　② 양기나 음기가 감지되면 2~3차례 재확인을 한 후, 그곳에 표시를 하고, 반대쪽 방향을 염두에 두고 시계 방향이나 반시계 방향으로 계속 돌면서 음기나 양기를 감지한다. 그러면 역시 반대 방향에서 음기나 양기가 감지될 것이다.
　③ 마찬가지로 양기나 음기가 감지된 두 지점을 이으면 그 라인이 음양기가 흐르는 방향이다.

　반려동물이 휴식을 취하거나, 배설을 하는 곳, 새 둥지 아래, 거미집, 개미집, 야생 벌집에서 음양기가 지나가는 방향을 확인하는 방법도 또한 같다.

주변에 음양기를 선호하는 동식물이 없는 경우에는 2장 5절 다우징 실습 편에서 '음양기 감지하기'를 참고하여 음양기가 지나가는 한 지점을 찾고, 상기 ①, ②, ③을 반복하면 된다.

음양기 라인이 교차하는 곳을 찾기 위해서는 처음 찾은 음양기 라인에서 2m 정도 떨어져 음양기 라인과 평행하게 걸어가면서 음양기를 찾고, 이어서 상기한 ①, ②, ③을 반복하여 음양기 라인을 찾은 후에 처음 음양기 라인과 교차하는 지점을 찾으면 된다.

3) 음양기가 오는 방향과 나가는 방향 찾기

① 음양기 라인에 서서 L 로드를 들고 좌회전하면서 한 바퀴를 돈다. 그러면 라인 양쪽 기운의 세기가 다르다는 것을 알 수 있다.

② 좌회전하는 속도에 따른 L 로드의 반응을 보면서 계속해서 좌회전한다. 양기가 오는 방향에서는 L 로드가 양기의 힘을 이기지 못하고 우측으로 꺾이지만 양기가 나가는 방향으로는 L 로드가 양기의 힘을 이겨내고 탐사자와 같이 좌회전을 한다.

③ L 로드가 꺾이는 쪽이 음양기가 들어오는 방향이고, L 로드가 그대로 회전하는 쪽이 음양기가 나가는 방향이다.

L 로드를 들고 우회전을 하면서 음기를 확인할 때에도 동일한 방법으로 하면 된다.

이 방법 역시 탐사자가 회전하는 속도와 L 로드를 감각적으로 다루는 기술이 필요하며, 상당 기간의 수련을 요한다.

제2절

흉지를 찾는 방법

흉지의 기운인 음기 찾는 법

사는 사람마다 흉한 일을 당한다고 하는 불길不吉한 집을 보통 흉가凶家라고 한다. 흉가는 생명에 해로운 영향을 끼치는 음기가 왕성한 땅인 흉지에 지은 집이다.

주변에서는 건축물이나 구조물에 난 균열을 보고 흉지 여부를 판단할 수 있으며, 자연에서는 식물들의 상태를 보고 흉지 여부를 판단할 수 있다. 흉지의 징조를 보이는 건축 구조물이나 식물들이 없는 경우, 탐사 도구를 이용하여 음기가 발산되는 땅을 찾을 수 있다.

본 장에서는 흉지를 만드는 기운인 음기를 찾는 방법을 소개하고자 한다.

1) 음기 찾기

① 건축물이나 구조물을 보고 확인하기

음기는 미세한 기운이지만 지속적인 자극을 통해 영향을 미친다. 아스팔트나 시멘트로 포장한 도로나 인도 또는 계단에 음기가 지나갈 경우, 음기 라인을 따라 일직선으로 균열이 생긴다.

건물의 경우, 음기 라인이 지나가는 곳의 건물 벽에 수직으로 균열이 생긴다.

건물 내부 바닥이나 벽면이 타일로 시공되어 있는 경우, 음기 라인이 지나는 곳의 타일이 깨지거나 들뜨게 된다.

음기가 흐르는 곳은 보수공사를 하여도 일정 기간이 지나면 같은 위치에 다시 균열이 발생한다.

② 동식물을 활용하기

백합나무나 벚나무는 땅의 기운에 민감하다. 백합나무나 벚나무가 음기 위에 자라는 경우, 음기가 흘러오는 방향의 줄기가 세로로 갈라지며, 음기의 회전 방향인 좌회전을 하면서 성장한다. 나무줄기의 아래쪽 처음 갈라진 부분이 음기가 지나가는 라인이다.

음기가 나무 아래로 지나가는 경우, 나무에 비정상적인 혹이 생기거나 줄기에 괴사가 생긴다.

　주변의 나무들이 특정 방향에 괴사가 생기거나 혹이 생긴 경우, 괴사나 혹이 생긴 방향이 음기가 오는 방향이다.

　③ 탐사 도구로 찾기
　L 로드로 음기를 찾고자 할 경우, 2장 5절 다우징 실습 편의 '음기 감지하기'를 참고하기 바란다.

2) 음기 라인 찾기
　주변에 음기로 인해 균열된 건축물이나 구조물 또는 음기의 피해를 입고 있는 식물이 자라고 있을 경우, 그 지점을 기점으로 음기 라인을 찾으면 된다.

　① 건축 구조물의 수직 균열이나 음기의 피해를 입은 식물을 발견한 경우, 그곳에서 1m쯤 떨어져서 L 로드를 들고 시계 방향으로 돌면서 음기를 감지한다.
　② 음기가 감지되면 2~3차례 재확인을 한 후 그곳에 표시를 한다. 반대쪽을 탐사할 수 있으면 시계 방향으로 계속 돌면서 음기를 감지한다. 그러면 처음 음기를 감지했던 위치의 반대편에서 음기를 감지할 수 있을 것이다.
　③ 처음 음기가 감지된 곳과 마지막으로 음기가 감지된 곳을 이으면 그 라인이 음기가 흐르는 방향이다.

주변에 음기에 피해를 입은 건축 구조물이나 식물이 없는 경우에는 2장 5절 다우징 실습 편에서 '음기 감지하기'를 참고하여 음기가 지나가는 한 지점을 찾고서, 상기 ①, ②, ③을 반복하면 된다.

음기 라인이 교차하는 곳을 찾기 위해서는 처음 찾은 음기 라인에서 2m 정도 떨어져 음기 라인과 평행하게 걸어가면서 음기를 찾고, 이어서 상기한 ①, ②, ③을 반복하여 음기 라인을 찾은 후 처음 음기 라인과 교차하는 지점을 찾으면 된다.

음기가 교차하는 곳은 세포에 치명적인 해를 끼치는 곳이므로 반드시 피해야 한다.

3) 음기가 오는 방향과 나가는 방향 찾기

① 음기 라인에 서서 L 로드를 들고 우회전하면서 한 바퀴를 돈다. 그러면 음기 라인 양쪽의 기운의 세기가 다르다는 것을 알 수 있다.

② 우회전하는 속도에 따른 L 로드의 반응을 보면서 계속 우회전한다. 음기가 오는 방향에서는 L 로드가 음기의 힘을 이기지 못하고 좌측으로 꺾이지만 음기가 나가는 방향으로는 L 로드가 음기의 힘을 이겨내고 탐사자와 같이 우회전을 한다.

③ L 로드가 꺾이는 쪽이 음기가 들어오는 방향이고, L 로드가 그대로 회전하는 쪽이 음기가 나가는 방향이다.

이 방법 또한 탐사자가 회전하는 속도와 L 로드를 감각적으로 다루는 기술이 필요하며, 상당 기간의 수련을 요한다.

　음기는 양기나 음양기에 비해 L 로드 액션이 약하므로 음기가 오는 방향과 나가는 방향을 정확하게 감지하기가 쉽지 않다. 미세한 차이일지라도 확실하게 구분할 수 있도록 꾸준하게 수련해야 한다.

제6장

흉지를 명당으로 만드는 풍수 비보

제6장
흉지를 명당으로 만드는 풍수 비보

전통적 개념의 비보 풍수는 어떤 지역의 풍수적 결함을 인위적으로 보완하는 것을 말한다.

우리나라의 비보 풍수는 도선국사의 비보사탑설에서 비롯되었는데, 도선국사는 신라 말기의 사회가 혼란과 분열이 극심하고, 기근과 자연재해로 백성들이 어려움을 겪는 것은 국토가 병들었기 때문이라며, 이것을 치유하기 위해서는 기운이 쇠해진 땅에 비보사찰이나 비보탑을 세워야 한다고 하였다.

국토가 병들었다는 개념이나 쇠약해진 땅의 기운을 살리기 위해 사탑이나 사찰을 세워야 한다는 생각은 풍수 비보라기보다는 불교의 진흥·발전을 위해 풍수를 이용한 측면이 크다. 풍수적 결함을 보완하기 위해 시행한 조산비보造山裨補 등도 자연재해를 예방하는 등 실용적 측면은 있지만 풍수의 본질과는 거리가 있다. 그러한 행위로 땅의 기운이 바뀌지는 않기 때문이다.

진정한 의미의 풍수 비보는 지구 내부에서 발산되는 생명에 해를 끼치는 좌회전 음기로 인한 피해를 막는 모든 수단과 방법을 말한다.

서양에서도 지구 침술Earth Acupuncture이라고 하여 해로운 기운이 있는 곳에 크리스털이나 구리 말뚝을 박는 방법을 사용하였다.

제1절

풍수 비보의 원리와 방법

흉지는 세포를 병들게 하는 땅이다. 흉지를 그대로 둘 경우, 어떤 생명체도 그 자리에서 생활하는 한 해를 입을 수 있다. 피하는 것이 최선이지만 피할 수 없는 경우에는 풍수 비보를 하는 것이 바람직하다.

풍수 비보란 흉지의 기운인 음기가 지나는 곳에 풍수 처방을 하여 음기의 해로움을 없애거나 음기를 좋은 기운으로 바꾸는 것이다.

풍수 비보를 미신이나 사이비 과학이라고 생각할 수 있으나 풍수 비보는 결코 미신이 아니다.

우주로부터 오는 유해 방사선과 태양풍을 차단하여 지구생태

계를 지켜주는 것은 지구 내부에서 생성되어 지구 상공을 감싸고 있는 지구자기장이다. 지구자기장은 지구 내부 외핵을 구성하고 있는 금속 액체들의 운동에 의해 만들어졌다고 추정되며, 지구 밖 우주 몇 천 km까지 영향을 미친다.

지구자기장과 같이 지구 내부 외핵의 운동에 의해 생성되는 것으로 생각되는 기가 지구 외부에 어떤 형태의 기장氣場을 형성하고 있는지에 대해서는 아직 밝혀진 바 없지만 기 종류별 특성과 생명에 미치는 영향들은 밝혀지고 있다.

지구자기장의 생성 원인이 명확하게 밝혀지지 않았다고 하여 과학이 아니라고 말할 수 없듯이 기의 특성과 기에 의한 현상이나 영향이 분명하게 존재하는데 기를 비과학이라고 할 수 없을 것이다.

풍수 비보는 기의 특별한 성질을 이용하면 된다.
음기에 양기를 처방하면 음기와 양기가 상쇄되거나 소멸되지 않고 특이하게 변화한다. 음기에 양기로 풍수 처방을 하면 음기나 양기의 개별적 특성은 사라지고, 음양이 조화로운 음양기의 특성을 띤다. 기의 절묘한 변신이다. 음기 라인에 음양기를 처방하여도 같은 결과를 보여준다. 풍수 비보는 기의 이러한 변화 특성을 이용하는 것이다.

흉지의 음기 라인을 풍수 처방하고자 하면 먼저 음기가 들어오는 방향과 나가는 방향을 확인해야 하며, 음기 라인의 폭을 정확히 확인하여야 한다. 그리고 음기 라인의 폭을 벗어나지 않는 범위 안에서 풍수 처방을 하여야 한다.

풍수 처방을 할 양기나 음양기는 「기발한 풍수」나 본서에서 언급한 양기나 음양기를 띠고 있는 물질을 사용하면 된다.

풍수 처방은 다음과 같은 순서로 하면 된다.

다음에 설명하는 음기 찾기, 음기 라인 확인하기 및 음기의 방향 찾기는 간략하게 정리한 것이며, 상세한 내용은 2장 5절 다우징 실습편의 '음기 감지하기'나 5장 2절 흉지를 찾는 방법에서 음기 찾기를 참고하면 된다.

1. 음기 찾기

먼저 음기의 징조가 있는 곳을 확인하거나 L 로드로 음기가 있는 지점을 찾는다.

2. 음기 라인 확인하기

L 로드를 들고 음기가 확인된 지점을 기점으로 반경 1m 주변을 우회전하면서 좌회전하는 음기를 찾는다. 새롭게 음기가 감

지된 지점을 표시한 후, 반대편 지점을 염두에 두고 우회전을 하면서 나머지 한 지점을 확인한다. 첫 번째 찾은 지점과 기점, 그리고 두 번째 찾은 지점을 연결하면 음기가 흐르는 라인이다.

3. 음기의 방향 찾기

음기 라인 위에 서서 엘로드를 들고 우회전을 하면 음기가 들어오는 방향에서는 L 로드가 좌측으로 꺾이나 음기가 나가는 방향에서는 약간의 저항만 있을 뿐 꺾이지 않는다.

풍수 처방은 반드시 음기가 들어오는 쪽에 해야 하며, 음기가 나가는 쪽에는 풍수 처방을 해도 효과가 없다. 그러므로 음기의 방향 찾기는 풍수 처방에서 매우 중요하다.

4. 음기의 폭 확인 및 풍수 처방하기

음기가 들어오는 방향의 음기 라인 중심에 풍수 처방 물질을 위치시킨 후 음기 폭의 좌우로 5cm씩 이동하면서 처방 결과를 확인하면 L 로드로 확인하는 것보다 음기의 폭을 정확히 확인할 수 있다.

필자가 경험적으로 확인한 음기의 폭은 30cm 내외였다.

5. 풍수 처방 결과 확인하기

음기가 나가는 쪽에서 L 로드로 기운을 측정하여 음양기_{음기와 양기를 각각 확인}를 확인한다. 수맥 폭 내에서는 음양기가 감지되지만 수맥 폭을 벗어나면 음양기가 감지되지 않는다.

조화로운 기운으로 생명에 유익한 기운인 음양기가 확인되면 풍수 처방이 정상적으로 된 것이다.

이와 같은 방법으로 흉지 내의 모든 음기 라인을 찾아 음기가 들어오는 방향에 풍수 처방을 하면 된다.

제2절

식물에 대한 풍수 처방

자라고 있는 식물이 음기의 피해를 입고 있다고 생각되는 경우, L 로드로 음기를 확인한 후 음기의 방향을 확인하여 음기가 들어오는 쪽에 풍수 처방을 하면 된다.

화분에 심어진 식물이 물주기를 정상적으로 하고 있는데도 발육이 좋지 않거나 꽃이 빨리 시드는 등 음기의 피해를 받고 있다고 생각되면 마찬가지로 음기 확인을 한 후, 음기가 들어오는 쪽에 풍수 처방을 하거나, 음양기가 흐르는 곳으로 옮겨주면 된다.

경작지 등에 씨앗을 뿌리는 경우, 사전에 음기를 확인하여 음기가 있으면 음기 라인을 피해서 파종을 하거나 음기 라인에 풍수 처방을 한 후 파종하면 된다.

<풍수 처방 사례 1>

금은동을 채굴했던 광명동굴의 갱도를 L 로드로 탐사하다가 깜짝 놀랐다. 금은동을 캤던 갱도를 따라 음양이 조화로운 기운, 소위 명당의 기운이 흐르고 있었다. 광맥이 갈라지는 곳에선 조화로운 기운도 광맥을 따라 갈라졌다.

L 로드로 광물 탐사를 한다는 말이 바로 이해되었다. 금 광산에서 조화로운 기운을 따라가면 금맥으로 연결되었다.

광명동굴 근처에서 호기심에 주어온 주먹만 한 금은동 광석의 기운을 L 로드로 확인해보니 원석 주변으로 사방 1.5미터 근처까지 음양기가 감지되었다. 유가 금속을 선별하고 버린 맥석이었지만 본성은 유지하고 있었다. 때가 되면 이 돌로 풍수 처방을 한번 해보리라 마음먹었다.

사무실에서 키우던 고무나무의 웃자란 가지를 잘라 물에 담가 놓은 후 한 달 정도 지나자 뿌리가 났다. 화분에 옮겨심고 좋은

기운이 있는 곳에 두었더니 2주쯤 후에 새잎이 나왔고, 계속해서 새잎이 나오더니 어느덧 잎이 무성해졌다.

며칠 후 그 고무나무를 사무실로 가져와 출입구 옆에 두었다.

(2023년 7월 7일 14:00)

그런데 옮기고 나서 두 시간 만에 한참 자라고 있던 잎이 뒤로 발랑 뒤집어졌다. 옮기기 전 밖에서 꼿꼿했던 잎(끝에서 두 번째 잎)을 보았기 때문에 깜짝 놀랐다. 물이 부족한가 하고 살펴보니 흙의 수분은 촉촉했다. 출입구 옆 화분을 놓은 자리는 동서 방향으로 수맥이 흐르는 곳으로 전에도 꽃이 핀 화분들을 놓으면 꽃들이 오래 가지 못했었다. 마땅히 화분을 놓을 자리가 없어 무심결에 그 자리에 두었는데, 그렇게 빨리 반응이 올 줄은 몰랐다. 왕성하게 자라고 있는 잎이라 바로 영향을 받은 것 같았다.

앞에서 본 모습(좌)과 옆에서 본 모습(우)
(2023년 7월 7일 16:00)

순간 광명동굴에서 주워온 돌로 풍수 비보(수맥 차단)를 해보고 싶었다.

풍수 비보를 위해 다시 한번 음기의 방향을 확인해보았다. 서쪽(사진의 벽쪽)에서 동쪽 방향으로 음기가 흘렀다. 그래서 서쪽 벽에 금은동 광석을 처방하였다.

(2023년 7월 7일 18:00)

처방 후 두 시간 만에 신기한 일이 일어났다. 뒤집어졌던 고무나무 잎이 고개를 들고 있었다.

앞에서 본 모습(좌)과 옆에서 본 모습(우)
(2023년 7월 7일 20:00)

그리고 다시 두 시간 뒤 고무나무 잎은 거의 정상으로 돌아왔다. 옮긴 지 6시간 만에 수맥의 영향과 풍수 처방의 효과를 목격한 셈이다.

앞에서 본 모습(좌)과 옆에서 본 모습(우)
(2023년 7월 7일 22:00)

새싹이 나거나 새잎이 왕성하게 자라고 있는 상황이었기 때문에 수맥(음기)의 영향을 바로 받았던 것 같다.

음기에 해를 입고 있던 고무나무 잎이 풍수 처방을 하자 단기간에 그 영향에서 벗어나는 것으로 보아 동물도 왕성한 세포분열 단계에서는 음기의 영향을 받을 수 있고, 풍수 처방 또한 효과가 있으리라 생각된다.

수맥 차단을 위해 바닥에 동판을 깔 필요는 없었다.

음기는 들어오는 방향과 나가는 방향이 있기 때문에 해로운 기운이 오는 방향을 정확히 확인하고, 그 기운의 폭을 확인해서 그 폭을 벗어나지 않게 처방하니 효과가 있었다.

우연히 새잎이 한참 자라고 있는 상태에서 실험을 했던 것이 뜻밖의 의미 있는 결과를 가져왔다. 실험에도 운이 필요한 것 같다.

아무튼 '기발한 풍수 처방'이었다.

<풍수 처방 사례 2>

앞서 <사례 1>의 고무나무와 같이 키우고 있던 다른 고무나무로 또 다른 실험을 시도하였다. <사례 1>에서 수맥의 영향과 풍수 처방에 따른 변화 과정을 목격했기 때문에 <사례 2>에서는 궁극적인 결과를 확인해보고 싶었다.

이 고무나무도 가지를 잘라서 물에 담가 뿌리를 내리고, 화분에 심은 뒤 좋은 기운(음양기)이 흐르는 곳에 두었더니 제법 싱싱하게 잘 자랐다.

사무실 내 지난번 금은동 광석으로 수맥 차단 실험을 했던 곳으로 옮겼다. 때마침 맨 위쪽에 새잎이 올라오고 있었다.

(2023년 7월 15일)

무심히 지내다가 일주일 정도 지난 후 확인해보니 사무실로 옮길 무렵 나 있었던 새잎은 더 자란 상태에서 많이 변형되어 있고, 그사이 새로 난 작은 잎은 병든 것처럼 구멍이 뚫리고 오그라들어 있었다. 새로 난 잎 2개가 수맥(음기)의 영향을 심하게 받고 있었다.

8일 후(2023년 7월 23일)

고무나무 잎이 수맥 때문에 뒤틀리고, 오그라드는 현상을 확인했으므로 서둘러 건물 밖 원래 키웠던 음양기가 발산되는 곳으로 옮겼다.

1주일이 지나자 변형되었던 잎은 정상적으로 회복이 되었고, 병든 것처럼 오그라들었던 잎도 제법 정상화되었다. 생명에 유익한 기운인 음양기에 의한 회복이 생각보다 빨랐다.

그사이 새잎 2개가 올라오고 있었다.

(2023년 7월 30일)

새잎이 올라오는 것을 보니 다른 물질로 수맥 처방을 해보고 싶어졌다.

고무나무를 다시 사무실의 음기가 흐르는 라인에 옮겨놓고, 이번에는 양기를 띠는 영지버섯(500원 동전 크기)으로 처방을 하였다.

처방 4일 후와 6일 후 확인을 했는데, 새잎 2장은 변형되거나 오그라들지 않고 무럭무럭 자랐으며, 두 잎 사이에 새잎이 올라오고 있었다. 양기인 영지버섯 처방이 효력을 발휘하고 있었다.

4일 후(2023년 8월 3일)　　　6일 후(2023년 8월 5일)

    영지버섯 처방 효과를 확인했으니 이제 영지버섯을 제거하고, 지금까지 이상 없이 자라고 있던 잎 2장과 새로 난 잎의 수맥(음기)으로 인한 영향을 다시 한번 확인해보기로 했다.

    영지버섯을 제거한 후 5일쯤 지났을 때, 수맥(음기)에 노출된 고무나무 잎에 음기의 영향이 나타났다. 마지막으로 난 잎은 심하게 뒤틀리고 있었고, 직전에 나서 자라고 있던 잎도 변형된 모습이 보였다.

(2023년 8월 10일) 우측 사진은 옆모습을 확대한 것임

　7월 15일부터 8월 10일까지 26일 동안 음양기에서 잘 자라던 고무나무를 수맥(음기)에 노출하여 수맥의 영향을 받고, 음양기에서 회복되고, 음기로 옮긴 후 영지버섯(양기)으로 풍수 처방을 하여 음기의 피해를 받지 않는 것을 확인하고, 영지버섯을 제거하고 수맥(음기)에 다시 노출했을 때 수맥의 영향을 받는 모습을 파노라마처럼 볼 수 있었다.

*

　기나 풍수에 의심의 눈초리를 보내는 사람들이 있다. 수맥 처방을 사기행위로 생각하기도 한다. 하지만 지구 내부에서 발산되는 기에 의해 생명이 영향을 받는 일은 헤아릴 수 없이 많다.
　이제는 학계 등 제도권 내의 전문가들이 기나 풍수에 대해 본격적인 연구를 시작해야 한다. 미신이나 사이비 과학 타령만 하고 있을 때가 아니다.

지기(地氣)의 특성을 잘 이해하여 음기는 피하거나 풍수 처방을 하고, 양기, 음양기와 같은 이로운 기운은 우리의 미래를 위해 활용할 수 있는 방안을 강구해야 한다.

생명체의 세포를 병들게 하는 음기를 연구하다 보면, 암이나 치매 등 원인불명의 수많은 세포 관련 질병들의 근본 원인을 밝혀낼 수 있을 것이다.

세포분열을 왕성하게 하는 촉매적 특성을 가진 양기를 연구하다 보면, 쌍둥이 마을들의 신비를 벗겨낼 수 있을 것이며, 우리 조상들이 오랜 세월 양기, 즉 음택 명당에 조상을 장사 지낸 이유를 알게 될 것이다.

세포를 건강하게 하는 음양기를 연구하다 보면, 온 세상 장수목들이 장수하는 이유를 알게 되고, 음양기가 생명체의 건강 장수에 필수 요건임을 이해하게 될 것이다.

음양기 라인에 인간 친화적 건축을 지어 저출산, 고령화와 만성질환으로 인한 고질적인 사회 문제를 해결하고, 음양기를 활용한 스마트팜 농법으로 생명에 유익한 기운을 담은 건강한 농작물을 생산하여 건강하고 행복한 삶을 추구하는 인류의 염원에 기여할 수도 있을 것이다.

부록

제1절

사라진 기운을 불러내는 마법

　땅의 기운은 주기적으로 변한다. 지구 내부에서 생성되는 기운이지만 지구 밖에서 지구에 영향을 미치는 태양과 달의 영향을 받는다. 특히 지구의 유일한 위성이자 가까이에서 지구를 공전하고 있는 달의 위상에 큰 영향을 받는다.

　상현달과 하현달을 전후한 일주일간은 땅의 기운이 정상적으로 작동한다. 양기와 음기 그리고 음양기가 각자의 라인에서 정상적으로 발산되고, 감지된다. 하지만 삭음력 1일과 망음력 15일을 전후한 일주일간은 땅의 기운이 작동하지 않는다. 이때는 수맥도 잡히지 않으며, 음택풍수의 핵심인 양기도 감지되지 않는다. 공교롭게도 태양과 달이 지구와 일직선이 되어 강한 인력으로 지구를 끌어당기는 기간이다.

땅의 기운이 사라진 날, 램프의 요정에 나오는 지니처럼, 땅의 기운을 불러내는 마법 같은 묘책이 있다. 하나는 'L 로드 의식'이고, 다른 하나는 '마법의 주문'이다.

1. 'L 로드 의식'으로 불러내는 방법

기운이 사라지는 기간이 있다는 것을 몰랐을 때는 하루 동안 수십 번씩 기운이 감지되다가 어느 순간 사라지는 상황을 이해할 수 없었다. 땅의 기운은 원래 변화무쌍하다고만 생각하였다. 그런데 L 로드를 들고 탐사를 시작하는 순간 반응했다가 어느 순간 기운이 사라지는 경험을 반복하면서 기운이 사라지는 것은 탐사자와 상관이 없지만 L 로드가 반응하는 것은 탐사자의 행동이나 의지와 관련이 있다는 것을 알게 되었다.

다음은 L 로드로 특별한 의식을 수행하여 L 로드가 작동되게 하는 방법이다.

L 로드 의식 L-rod's ritual

① L 로드를 양손에 잡고 L 로드의 끝이 바닥을 향하도록 하여 똑바로 선다.

② L 로드를 지면과 수평이 되게 가슴 앞으로 들어 올리면서 양손을 맞댄다.

③ 양손을 맞대는 순간 L 로드가 자연스럽게 양쪽으로 벌어진

다. 이 과정은 L 로드를 통하여 탐사자와 땅 기운의 교감이 이루어지는 과정이다.

④ L 로드가 양쪽으로 벌어지면 L 로드가 땅의 기운에 반응하기 시작한다. L 로드가 양쪽으로 벌어지지 않으면 ①, ② 동작을 반복한다.

L 로드는 탐사자가 기운을 감지하고 싶다는 염원을 강하게 지속하는 동안만 작동한다. 염원이 약해지는 순간 L 로드는 작동하지 않는다.

그러나 수맥 즉, 음기에는 작동하지 않는다. 수맥파를 감지하려고 L 로드를 들고 음기 위에서 좌회전하는 순간 직전에 감지되었던 양기와 음양기도 감지되지 않는다.

L 로드를 계속해서 작동시키고자 하는 경우, ①, ② 동작을 반복한다.

2. '마법의 주문'으로 불러내는 방법

L 로드 액션을 하지 않고 생각의 힘만으로 L 로드가 땅의 기운에 반응하게 할 수도 있다.

① 경건한 마음으로 양손에 L 로드를 잡는다.
② 감지하고자 하는 기운에 집중하면서, 마음속으로 마법의

주문을 외우듯이 강력하게 'ㅇㅇ기운을 감지하고 싶다'고 염원한다.

그러면 평소 L 로드로 탐지할 때와 마찬가지로 L 로드가 땅의 기운에 반응하기 시작한다. 양기와 음양기가 흐르는 공간에서는 양기와 음양기가 감지된다. 단, 염원을 강하게 지속하는 동안만 가능하며, 염원이 약해지는 순간 작동하지 않는다.

이 방법으로도 수맥 즉, 음기에는 작동하지 않는다. 수맥파를 감지하려고 L 로드를 들고 음기 위에서 좌회전하는 순간 직전에 감지되었던 양기와 음양기도 감지되지 않는다.

음기는 신통술도 무력화시키는 기이한 힘이다.
이러한 행위가 미약한 땅의 기운을 증폭시키는지 아니면 자신의 기에 대한 민감도를 높이는 것인지는 분명하지 않지만 L 로드가 작동되는 것만큼은 분명하다.

제2절

원격 탐사의 비밀

　원격 탐사는 현장에서 기를 탐지하지 않고, 지도나 도면 또는 주소를 보고 펜듈럼 등의 탐사 도구를 사용하여 탐사 행위를 하는 것을 말한다.

　러시아 과학자들은 기와 유사한 것으로 생각되는 토션파가 빛보다 빠르고, 에너지의 전달 없이 정보만 전달하는 것이 가능하다고 한다. 시공을 초월하는 기의 특성상 원격 탐사 또한 가능한 방법이다.

　그렇다면 원격 탐사를 가능하게 하는 힘은 무엇일까?

　기가 작동되지 않는 날 '생각의 힘'만으로 L 로드가 작동되는 것을 우리는 알고 있다. L 로드의 작동이 멈췄을 때, 다시 지속적이고 강력한 염력을 일으키면 L 로드가 작동한다. 염력으로 특정 물질에 양기나 음양기를 전사轉寫시킬 수도 있다. 양기나 음양기를 전사한 물질을 수맥 위에 놓아 수맥파를 차단할 수도 있다. 이런 결과들은 원격 탐사가 가능함을 의미한다.

원격 탐사를 가능하게 하는 힘은 결국 염력念力이며, 우리는 생각의 힘을 활용하여 시공을 초월하는 기의 신비로운 현상을 보거나 결과를 얻어낼 수 있다.

다만, 원격 탐사를 하는 본인은 결과를 확신할 수 있을지 모르지만 피탐사자는 원격 탐사의 진실 여부를 알 수 없다.

지구상 어느 곳이든 수많은 에너지 라인이 존재한다. 사진이나 지도 또는 주소를 보고 탐사를 하는 경우, 장소가 특정되지 않는 한 수많은 에너지 라인 중 어떤 에너지 라인이 반응하였는지 알 수 없다.

원격 탐사는 현실적으로 가능한 탐사 방법이지만 현장에서 기운을 탐사하지 않기 때문에 진실 여부에 대해 논란이 있을 수 있다.

원격 탐사 결과에 대한 신뢰성을 확보하기 위해서는 작동 메커니즘을 좀 더 명확히 규명할 필요가 있다.

<원격 탐사의 추억>

페루에서 지하수 개발을 하던 2017년 무렵이었다. 수맥에 익숙해지고, 양기와 음양기를 구별하게 되면서 기에 대한 확신이 생기고 있었다.

뚜꾸메의 흙 피라미드에서 주어온 조그마한 돌(오른쪽 사진)이 양기를 띠고 있다는 것을 확인한 후, 수맥 위에 올려놓고 수맥 기운이 차단되는지를 수없이 테스트하곤 했었다.

페루 뚜꾸메의 흙 피라미드   피라미드에서 주어온 돌

당시에는 확신은 없었지만 수맥 차단이 되는 것 같다는 느낌은 들었었다.

도대체 기란 어떤 느낌일까?

시간이 날 때마다 몸으로 기를 느끼고 싶어 안달했었다. 수맥 위나 양기 위를 지날 때마다 손바닥을 펴고 정신을 집중한 채 손바닥으로 특별한 느낌이 감지되기를 고대했었다.

그러던 어느 날 페루 서쪽에 있는 조그만 해변 도시인 피멘텔(Pimentel) 해안가에서 주어온 조약돌을 만지작거리다 문득, 그 돌에 기운을 넣어보겠다는 생각을 하게 되었다.

조약돌을 손에 쥔 채 3분여 동안 정신을 집중하고, 조약돌에 좋은 기운이 들어가는 상상을 하면서 기운을 넣었다. 그리고는 수맥 위에 조약돌을 올려놓고 테스트해보았다.

신통하게도 수맥파가 차단되었다. 몇 번을 반복해서 테스트를 했지만 분명히 수맥파가 차단되었다.

다시 다른 조약돌을 1m쯤 떨어진 위치에 놓고 양손으로 기운을 보내는 동작을 하면서 3분간 조약돌에 기운을 넣어보았다.

그 돌도 수맥 차단이 되었다.

마치 귀신에 씌인 듯한 느낌이었다.

*

그로부터 일주일 후, 까얄티Cayalti 지하수 개발 현장 일을 마무리하고 치클라요Chiclayo 숙소로 오던 버스 안에서였다. 숙소까지는 30여 km 거리였다. 버스 안에서 문득 숙소 책상 위에 있는 여러 개의 줄무늬가 있는 조약돌에 기운을 넣어보자는 생각을 하였다. 정신을 집중하고 책상 위의 조약돌을 생각하면서 기운을 넣었다.

집에 도착하자마자 조약돌을 수맥 위에 올려놓고 수맥 차단 여부를 테스트해보았다.

놀랍게도 그 돌도 수맥 차단이 되었다. 조약돌을 치우고 다시 테스트를 해보니 정상적으로 수맥이 감지되었다.

기는 시공을 초월하며, 원격으로 조정이 가능하다는 확신을 하게 되었다.

*

그로부터 6년여가 지났다.

어느 날 집에서 잠을 청하다가 문득 페루에서의 원격 탐사 생각이 났다.
"여기에서도 한 번 시도해보자!"
근무처 사무실 책상 위를 떠올렸다. 작업 공구들이 생각났지만 금속 제품은 합금 제품이 많아 동이 섞여 있을 수 있으니 실험에는 적합하지 않을 것 같았다. 순간 생뚱맞게도 플라스틱 머리빗이 떠올랐다. 머리빗의 모양과 색깔 및 위치까지 선명하였다. 오랜만에 원격으로 기를 넣어보았다.

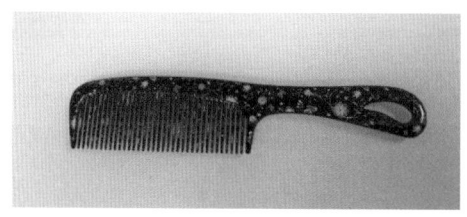

다음날 출근 후 급한 일들을 마치고 근처 한류천변으로 갔다. 그곳에는 마침 수맥(음기)으로 인해 보도가 심하게 훼손되어 통행을 금지시켜 놓은 곳이 있었다.

　L 로드로 확인해보니 수맥은 남북 방향이며, 하천이 있는 남쪽에서 북쪽 방향으로 음기가 흐르고 있었다.

　기운을 넣은 빗을 음기가 들어오는 남쪽에 놓고 북쪽에서 L 로드로 기운을 측정해보았다. 수맥의 기운은 감지되지 않고 조화로운 음양기가 감지되었다.

　　다시 빗을 음기가 나가는 북쪽에 놓고 남쪽에서 기운을 측정해보았다.

　　수맥이 감지되었다.

　음기가 나가는 곳에는 풍수 처방을 해도 수맥 차단이 되지 않았다.

　파손된 도로의 바로 아래쪽으로 내려가 보니 남쪽 방향이 심하게 고사된 계수나무 한 그루가 보였다.

음기가 들어오는 쪽은 남쪽이 확실한 모양이다.

원격으로 기를 넣고, 그것으로 수맥(음기)이 차단되는 것을 어떻게 설명해야 할까? 현상은 존재하지만 사람들이 이해하고 받아들이는 데는 많은 시간이 걸릴 것이다.

커피를 한 잔 마시면서 혼자 속으로 생각했다.
"생각의 힘은 위대하다. 항상 올바른 것만 생각하자!"

본서의 교정을 보고 있는 중에 친구들과 송년회식을 하게 되었다.

회식 중반에 홍가리비가 한 접시 올라왔다. 부채 모양으로 예쁘게 생긴 가리비 안에 다소곳이 앉아 있는 부드러운 가리빗살을 맛있게 먹고 있는데, 맞은 편에 앉은 친구는 가리비 패각에 붙은 굴을 열심히 파고 있었다.

굴은 전복과 더불어 좋은 기운을 띠고 있는 해산물로 음양기 위에 자생하는데, 이동하는 가리비에 붙어 있는 것이 신기하였다. 필시 가리비도 음양기에 자생할지 모른다는 생각이 들었다.

이튿날 주머니에 넣어 온 가리비의 기운을 엘로드로 확인해보았다.

역시나 사방 2m까지 음양기가 감지되었다.

수맥차단 실험을 해보기 위해 지난번 수맥차단 실험을 했던 한류천변으로 갔다. 보도는 재포장 작업을 하려고 표층을 파놓았다. 음기가 들어오는 하천 쪽에 가리비를 놓고 북쪽에서 L 로드로 기운을 확인해보니 음양기가 감지되었다. 수맥차단이 확실하게 되고 있다는 의미다.

다시 음기가 나가는 북쪽에 가리비를 놓고 남쪽에서 확인해보니 수맥파가 감지되었다. 음기가 나가는 쪽에는 처방을 해도 역시 효과가 없었다.

송년회식 덕분에 가리비가 건강에 좋은 음양 기운을 담고 있다는 사실을 알게 되었고, 수맥차단 교차검증까지 하게 되었다.